高等职业院校医学实验教材

寄生虫学检验实验指导

主　编　李　睿　张佳伦
副主编　解如山　张思英　王宗军
编　委（按姓名汉语拼音排序）

李　莉（菏泽医学专科学校）
李　睿（菏泽医学专科学校）
李桂霞（菏泽市立医院）
王　澈（菏泽市牡丹人民医院）
王文国（菏泽市立医院）
王宗军（菏泽医学专科学校）
解如山（菏泽医学专科学校）
闫德华（菏泽医学专科学校）
张佳伦（菏泽医学专科学校）
张思英（菏泽医学专科学校）
张业霞（菏泽医学专科学校）

北京大学医学出版社

JISHENGCHONGXUE JIANYAN SHIYAN ZHIDAO

图书在版编目（CIP）数据

寄生虫学检验实验指导 / 李睿，张佳伦主编 . — 北京：
北京大学医学出版社，2016.4（2020.7 重印）
　高等职业院校医学实验教材
　ISBN 978-7-5659-1156-9

　Ⅰ . ①寄… Ⅱ . ①李… ②张… Ⅲ . ①寄生虫病—医学检验—实验—高等职业教育—教学参考资料 Ⅳ . ① R530.4-33

中国版本图书馆 CIP 数据核字 (2015) 第 156892 号

寄生虫学检验实验指导

主　　编：李　睿　张佳伦
出版发行：北京大学医学出版社
地　　址：（100083）北京市海淀区学院路 38 号　北京大学医学部院内
电　　话：发行部 010-82802230；图书邮购 010-82802495
网　　址：http://www.pumpress.com.cn
E — mail：booksale@bjmu.edu.cn
印　　刷：中煤（北京）印务有限公司
经　　销：新华书店
责任编辑：畅晓燕　　责任校对：金彤文　　责任印制：李　啸
开　　本：787 mm × 1092mm　1/16　印张：8.5　字数：200 千字
版　　次：2016 年 4 月第 1 版　2020 年 7 月第 2 次印刷
书　　号：ISBN 978-7-5659-1156-9
定　　价：20.00 元
版权所有，违者必究
（凡属质量问题请与本社发行部联系退换）

前　言

　　寄生虫学检验作为医学检验技术专业的一门重要的专业课程，在临床实践中的地位越来越重要。随着寄生虫感染发病情况的变化，以及新的检验方法和技术的不断涌现，对实验教材也提出了新的要求。《寄生虫学检验实验指导》作为全国高等职业院校医学检验技术专业规划教材《寄生虫学检验》的配套教材，具有鲜明的高等职业教育特色，主要是根据高等职业教育医学检验技术专业职业导向、能力本位的培养目标，依据医学检验技术专业专科教学大纲的要求，围绕理论教学内容编写而成。

　　本书是以人民卫生出版社出版的《寄生虫学检验》教材为基础，为满足医学检验专业学生的实验教学而编写。本书结合理论授课内容，根据实验课时安排实验内容，编写体例包括目的与要求、内容与方法、作业、思考题及习题等部分。在编写过程中注重理论联系实际，实验内容中对实验标本的介绍力求准确、详尽，书中用图多附有彩色照片，以缩小课本中模式图与镜下标本的差距。实验内容还包括常用的寄生虫学实验技术和病原学诊断方法，以培养学生的实际操作能力。本书增加了习题及复习题，并对复习题做了详细解答，以供学生自测使用。

　　在编排格式上与主教材保持一致，以寄生虫的主要寄生部位、标本采集部位及致病性为主线，一是观察各系统寄生虫与实验诊断有关的主要形态结构，以鉴定虫体；二是介绍实训寄生虫检验的常用操作技术，力求使学生通过规范的技能训练，达到课程目标的要求。在内容筛选上以满足对寄生虫感染的诊断、流行病学调查及防治需要为目标，较全面地介绍了我国人体寄生虫的种类，主次分明，反映了目前我国寄生虫病流行趋势，体现了寄生虫检验技术的新进展。

　　本书也可作为教师、科研人员及从事相关工作技术人员的参考用书。

　　由于编者水平所限，书中疏漏之处在所难免，恳请广大师生提出批评和指正。

编　委
2016 年 3 月

目 录

第一章 实验总则 ... 1
- 一、寄生虫学检验的实验目的 ... 1
- 二、实验室规则 ... 1
- 三、寄生虫学检验的基本手段 ... 1
- 四、光学显微镜的使用和维护 ... 2
- 五、解剖显微镜的使用 ... 3
- 六、手持放大镜的使用 ... 3
- 七、显微镜测微尺的使用 ... 3
- 八、寄生虫标本的类别与观察方法 ... 4
- 九、寄生虫学检验实验报告要求 ... 5

第二章 寄生虫学实验 ... 7

实验一 消化道寄生虫（线虫）... 7
- 一、似蚓蛔线虫（蛔虫）... 7
- 二、十二指肠钩口线虫和美洲板口线虫 ... 9
- 三、毛首鞭形线虫（鞭虫）... 12
- 四、蠕形住肠线虫（蛲虫）... 13

实验二 消化道寄生虫（吸虫、绦虫）... 16
- 一、布氏姜片吸虫 ... 16
- 二、带绦虫 ... 18

实验三 消化道寄生虫（原虫）... 22
- 一、溶组织内阿米巴（痢疾阿米巴）... 22
- 二、结肠内阿米巴 ... 24
- 三、蓝氏贾第鞭毛虫（贾第虫）... 25
- 四、隐孢子虫 ... 26

实验四 肝与胆管寄生虫 ... 27
- 一、华支睾吸虫（肝吸虫）... 27
- 二、细粒棘球绦虫（包生绦虫）... 29
- 三、多房棘球绦虫 ... 30

实验五 脉管系统寄生虫（丝虫、日本血吸虫）... 31
- 一、班氏吴策线虫与马来布鲁线虫（丝虫）... 31
- 二、日本裂体吸虫（日本血吸虫）... 33

  实验六 脉管系统寄生虫...........36
    一、疟原虫...........36
    二、杜氏利什曼原虫(黑热病原虫)...........38
  实验七 神经系统寄生虫...........46
    一、广州管圆线虫...........46
    二、致病性自生生活阿米巴...........46
  实验八 皮肤与组织寄生虫...........51
    一、旋毛形线虫(旋毛虫)...........51
    二、刚地弓形虫...........52
    三、疥螨、蠕形螨、蝇蛆、虱...........53
  实验九 呼吸系统寄生虫...........61
    一、卫氏并殖吸虫(肺吸虫)...........61
    二、粉螨...........63
  实验十 眼部与泌尿生殖系统寄生虫...........67
    一、结膜吸吮线虫(眼线虫)...........67
    二、阴道毛滴虫...........68

第三章 寄生虫诊断的常用检验技术...........75
第一节 寄生虫诊断的病原学检验技术...........75
  一、粪便标本的寄生虫检验技术...........75
  二、血液标本的寄生虫检验技术...........81
  三、痰液标本的寄生虫检验技术...........82
  四、十二指肠引流液标本的寄生虫检验技术...........83
  五、尿液和阴道分泌物标本的寄生虫检验技术...........83
  六、组织液标本的寄生虫检验技术...........83
  七、皮肤与组织标本的寄生虫检验技术...........83
第二节 寄生虫常用的免疫学诊断方法...........85
  一、皮内试验...........85
  二、染色试验...........85
  三、环卵沉淀试验...........86
  四、间接血凝试验...........86
  五、免疫荧光法...........87
  六、对流免疫电泳试验...........88
  七、酶联免疫吸附试验...........88
  八、斑点ELISA...........90
  九、免疫酶染色试验...........90
  十、免疫印迹试验...........91
  十一、杂交瘤技术制备单克隆抗体...........91
  十二、DNA探针技术...........92
  十三、聚合酶链反应技术...........92

复习题 93

参考答案 111

彩图 119

第一章 实验总则

一、寄生虫学检验的实验目的

寄生虫学检验是医学检验技术、卫生检验与检疫技术及其相关专业的主要职业技能课程之一。该课程以形态学教学为基础,力求培养学生诊断寄生虫感染的职业技能。实验课是人体寄生虫学教学的重要组成部分,其目的在于通过标本观察和技术操作加深和巩固在课堂上学到的理论知识,进一步理解人体寄生虫的形态、生活史、致病作用、诊断、流行和防治,熟悉和掌握一些常用的寄生虫学诊断方法。通过实验培养学生实事求是、严肃认真的科学态度,提高独立思考和分析问题、解决问题的能力,为今后从事寄生虫病的诊断、流行病学调查及防治工作打下扎实的基础。

二、实验室规则

1. 实验课前必须预习实验指导,了解实验内容和要求,复习教科书相关内容,以便有计划地进行实验,提高学习效率,达到实验要求。

2. 携带实验物品,穿好工作服,提前5min进入实验室,按规定座位入座,不得迟到、早退或无故缺席。保持实验室整洁、安静,严禁大声喧哗、谈笑或随意走动,不做与实验无关的事情。

3. 认真检查所用实验仪器、器材、标本等是否完好、齐全,如有缺损,应及时报告老师。

4. 认真听取老师讲解,明确实验步骤及注意事项,严格按照实验规程进行操作,仔细观察实验标本,记录观察内容。

5. 观察镜下示教标本时,不得擅自移动标本,以免影响其他同学观察。标本如不清晰,可适当调节光源或细调螺旋,必要时请老师解决。

6. 实验结束时应认真清点、整理,放回实验仪器、器材和实验标本,如有缺损应立即向老师报告,根据学校规定做出赔偿。

7. 树立生物安全意识,避免实验室感染和污染的发生。污物必须放在指定地点,严禁随意丢弃;要用肥皂洗手,必要时用消毒液浸泡消毒。

8. 实验课结束后,认真做好清洁卫生,桌面、地面打扫干净,桌椅排列整齐,关好门、窗、水、电后离开实验室。

三、寄生虫学检验的基本手段

寄生虫感染的诊断包括临床诊断和实验诊断。临床诊断通过询问病史、体检和选用适宜的影像学检查等,分析判断是否为寄生虫的感染及其种类。实验诊断除了进行血常规等常规检查外,更重要的是通过各种检验技术与手段,有针对性地对寄生虫进行病原学、免疫学及分子生物学的检查,从而为临床诊断提供确诊依据。

(一)病原学检查

根据寄生虫的生活史特点,从感染者的排泄物、分泌物、体液、活体组织中直接或经离体培养、动物接种后间接检获寄生虫的某一发育阶段,根据其形态结构特点进行虫种鉴定。病原学检查是确诊寄生虫感染的重要方法和依据。

(二)免疫学诊断

免疫学诊断是根据血清学反应的原理,检测抗原、抗体或细胞免疫功能,对寄生虫感染的确诊及流行病学调查具有辅助诊断价值,尤其是对早期、轻度、深部、隐性或单性虫体感染的诊断具有非常重要的意义。随着免疫学诊断技术与手段的不断改进,不仅其特异性、敏感性和可重复性越来越好,而且简便、快速、经济,其应用日趋广泛,已成为寄生虫检验的主要手段之一。

(三)分子生物学检查

分子生物学检查是测定寄生虫基因中特异性的 DNA 片段,特异性强、敏感性高,为寄生虫感染的诊断开辟了广阔的前景。但由于其操作复杂,对实验室的条件要求高,因此目前主要用于流行病学调查,而很少用于临床单个病例的诊断。常用的方法有 DNA 探针技术、聚合酶链反应(polymerase chain reaction,PCR)及 PCR-酶联免疫吸附测定(enzyme-linked immunosorbent assay,ELISA)等。

四、光学显微镜的使用和维护

(一)显微镜的使用

1. 调光 将实验台上的光源打开,调节显微镜粗调螺旋,使载物台下降或镜筒上升;旋转物镜转换器,使低倍镜头对准通光孔,打开光阑,使聚光器上升到适宜位置,一边观察,一边调节反光镜,使视野中光线均匀,亮度适中。视野中光线的强弱应根据标本的颜色深浅和物镜的放大倍数进行调节。一般来说,未经染色的标本或用低倍镜观察时应把视野中光线调暗,用高倍镜或油镜观察时应把光线调强,光线的强、弱可通过聚光器上升变强或下降变弱、光阑开大变亮或关小变弱及反光镜调节。

2. 低倍镜与高倍镜的使用 调节好光源后,将标本置于载物台上,先用低倍镜观察。找到所要观察的物体后,如需要用高倍镜观察,应将待观察的物体移至视野中央,再转换高倍镜头观察,注意转换物镜前应先将载物台下降或镜筒上升,以免损坏镜头和玻片。

3. 油镜的使用 将低倍镜或高倍镜下找到的物体移至视野中央,调节光线至较强的亮度,在要观察的标本上滴加 1 滴香柏油,然后上升镜筒或下降载物台,转换油镜镜头,在显微镜侧面注视,慢慢下调镜头或上提载物台,使油镜镜头浸入油滴中。注意切勿与标本接触,以免压坏标本或镜头,用左眼注视目镜,慢慢转动粗调螺旋至视野中出现物像时,改用细调螺旋略加调节,至物像清晰为止。若将镜头上调到离开镜油,而视野中尚未出现物像,应按上述步骤将镜头浸入油滴中,重新调节。观察完毕,应将镜头和载玻片上的香柏油擦拭干净。镜头的擦拭方法是提高镜筒或下降载物台,把油镜镜头转向外侧,用擦镜纸蘸取少许二甲苯轻轻顺抹镜头。标本的擦拭方法是取 1~2 张擦镜纸,平放在标本上,滴加二甲苯 1~2 滴,轻轻拖拉镜纸,直至无油迹。禁止用擦镜纸或擦镜布用力擦拭,以免损坏标本,特别是未加盖片的标本。

(二)显微镜的维护

1. 从镜柜中取出或放入显微镜时,应轻拿轻放,左手托镜座,右手持镜臂,保持显微镜平衡，以防显微镜或其部件滑落损坏。

2. 不得擅自拆卸显微镜各部件，发现部件松动及时报告老师，以便维修。

3. 目镜或物镜上若有灰尘，可用擦镜纸或绸布轻擦，禁止用口吹或用手擦拭，以防损坏或沾染镜头。

4. 勿用暴力旋转粗、细螺旋，并保持螺旋齿轮清洁。

5. 显微镜使用完毕后，将物镜转换器稍微旋转，使物镜与镜筒不在一条直线上，已使用的油镜，用少量的二甲苯擦拭干净，送回显微镜室，放在镜柜中。

五、解剖显微镜的使用

解剖显微镜又名实体显微镜，用双眼观察，可以得到有立体感的正像。放大倍数较小，视野较广，便于在镜下操作，如解剖虫体或观察虫体体表细微构造等。它只有粗调螺旋。

（一）选用载物台

根据被观察物体的不同，选择适宜的载物台。如观察透明的标本，选用玻璃板载物台，光源由反光镜底下照射；如观察不透明的标本，选用瓷板载物台，深色标本用白色一面，浅色标本用黑色一面，光源以强光从上面直接照在标本上。

（二）操作步骤

将观察标本移至载物台中心，调焦。先用左眼在左边目镜看清物像，如此时右眼观察右边目镜的物像不清晰，则可以转动目镜视度调节圈，使之与左边目镜中的物像同样清晰。转动双镜筒的角度以适应两眼间的距离，这样就能看到具有立体感的清晰物像。

连续变倍解剖镜转动变倍手轮可得到适当的放大倍率。松开制紧螺钉可以使显微镜轴做任意方位的旋转，松开锁紧手轮可使显微镜上、下大范围移动。

六、手持放大镜的使用

单片手持放大镜的倍数一般为 3~5 倍。焦距较短。观察标本时，一手拿放大镜，一手拿标本，将放大镜对准标本，置于左眼或右眼前，再移动标本或放大镜，直到看清楚。

七、显微镜测微尺的使用

显微镜测微尺可以在显微镜下测量所见物体的直径、长度、面积等几何参数，检验专业学生应具备使用显微镜测微尺的基本技能，以准确测量镜下的生物体。

（一）测量用具

显微镜测微尺由目镜测微尺和物镜测微尺两部分组成（图1-1）。

1. 物镜测微尺　又称校正尺。为一片中央具有精确刻度的标尺，全长 1mm，分为 10 个大格，每大格又分为 10 小格，每小格的刻度为 0.01mm，即 10μm。

2. 目镜测微尺　又称目尺。为一直径约 2cm 的圆形玻片，其上刻有 0~50 的刻度或 0~100 的刻度，使用时将玻片放在目镜的光阑上。

（二）校准目镜测微尺

由于不同目镜、物镜组合的放大倍数不相同，目镜测微尺每格实际表示的长度也不一样，因此目镜测微尺测量生物体大小时需先用物镜测微尺校正，以求出在一定放大倍数下，目镜测微尺每小格代表的相对长度。过程如图1-1。

1. 校正测微尺　先用低倍镜观察，对准焦距，视野中看清物镜测微尺的刻度后，转

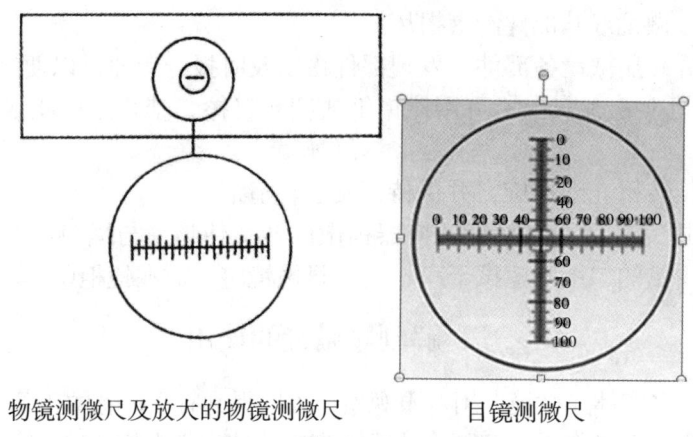

物镜测微尺及放大的物镜测微尺　　　　目镜测微尺

图 1-1　显微镜测微尺结构

动目镜，使目镜测微尺与物镜测微尺的刻度平行，移动推动器，使两尺重叠，再使两尺的左边"0"刻度完全重合，定位后，从右边仔细查找两尺第 2 个完全重合的刻度，计数两重合刻度之间目镜测微尺的格数"m"和物镜测微尺的格数"n"。

2. 计算目镜测微尺每格的实际长度"D"　因为物镜测微尺的刻度每格长为 10μm，所以，由下列公式可以算出目镜测微尺每格的实际长度"D"。

$$D(\mu m) = n/m \cdot 10$$

例如，目镜测微尺与物镜测微尺两重合区域内的格数都为 5 格，已知物镜测微尺每格为 10μm，则目镜测微尺上每格长度 D=5/5×10=10（μm）。

校准目镜测微尺时应注意：①为了减少测量误差，对每一放大倍率下目镜测微尺的格值"D"应测量 3 次，求其平均值。当转换不同放大倍率的物镜时，要按照上述方法标定目镜测微尺的格距。②由于不同显微镜及附件的放大倍数不同，因此，校正目镜测微尺必须针对特定的显微镜和附件（特定的物镜、目镜、镜筒长度）进行，而且只能在特定的情况下重复使用，当更换不同放大倍数的目镜或物镜时，必须重新校正目镜测微尺每一格所代表的长度。

（三）测量标本

在测量标本时只用目镜测微尺。首先计数被检标本占目镜测微尺的格数，然后乘以目镜测微尺每格的长度"D"，计算出该标本的大小。根据测量的结果还可通过公式计算出标本的面积、体积或细胞核与胞质的比例等参数。

八、寄生虫标本的类别与观察方法

寄生虫标本一般分为玻片标本、大体标本（浸制标本）和针插标本 3 种类型，不同类型的标本采用不同的观察方法。

（一）玻片标本

玻片标本为体积较小的寄生虫成虫或幼虫、蠕虫虫卵、原虫分别采用不同的方法制作而成。

1. 寄生虫成虫或幼虫玻片标本　将体积较小的寄生虫成虫或幼虫经过固定、染色、脱水、透明后封装于载玻片中而成。一般1张片子中只有1个或数个虫体。用显微镜观察时，多用低倍镜观察；低倍镜下找到所要观察的虫体后，如需要用高倍镜观察，先把要观察的虫体移至视野中央，再转换高倍镜观察。

2. 湿片标本　将固定于甲醛溶液（福尔马林）中的蠕虫虫卵、原虫包囊或含有活虫卵、原虫的检材如粪便、阴道分泌物、尿液滴于或涂于载玻片上，并覆以盖玻片制作而成。此类标本一般未经染色，颜色比较淡，显微镜下观察时：①应把视野中光线调暗，以增强对比度；②显微镜镜臂倾斜度不要太大，以免玻片中的水分流出，污染镜头或载物台；③对含有活病原体的标本要妥善处理，防止感染。

3. 粪便、血液、体液涂片标本　将含有病原体的粪便、血液、体液涂于载玻片上经固定、染色、脱水后制作而成。此类标本病原体一般较小，且散布于所涂玻片中，不像组织学或病理学标本容易在镜下发现，因此，观察此类标本时，要特别细心，先按一定的顺序在低倍镜或高倍镜下浏览标本，找到可疑者，再转换高倍或油镜观察。

（二）大体标本

大体标本是将体积较大的寄生虫成虫或幼虫、中间宿主、引起病变的组织器官浸泡于甲醛溶液中固定而成。此类标本多用肉眼观察，少数用放大镜观察。观察时首先要确认寄生虫的种类与发育阶段，然后再仔细观察其外部形态、大小、颜色、结构特点等。如为病理标本，应联系致病机制，掌握其病理改变的特征。

（三）针插标本

一般昆虫成虫多制作成此类标本。用肉眼或放大镜观察。观察时应注意其外部形态、颜色、大小、结构特征等。

九、寄生虫学检验实验报告要求

1. 学生要按时、准确地完成实验报告；老师批阅后应认真翻看，及时更正错误。

2. 实验报告的内容要完整，包括实验日期、实验内容、实验步骤、实验结果、标本绘图等。

3. 准确绘图对掌握虫体形态特点、加深记忆至关重要。绘图力求达到结构正确、比例合适、色彩逼真、注字规范。

绘图要真实、准确：绘图前应仔细观察多个标本，掌握其结构特征后再描绘，绘制出的图形必须清楚明了、整齐有序，图的位置、大小比例要恰当，特别是同类标本之间，如蠕虫卵之间、原虫包囊之间等。

4. 标本图形的长、宽比例，内部结构的位置和比例以及外形整体安排应与实物相当。绘图的大小以能清晰展示虫体的结构为标准，对于结构复杂或体积较小的标本，可适当画大些，而结构简单或体积较大的标本可画小些。另外，还要注意：①要标明图形的放大倍数；②画出虫体之间的大小比例，以帮助识别和记忆。一是同类标本不同虫种如不同虫卵之间的大小比例，二是同种寄生虫不同发育阶段，如疟原虫环状体、滋养体等之间的大小比例。

5. 绘图用的铅笔一般用较尖的硬铅笔。部分标本，如原虫可用彩色铅笔。应先在实验报告纸上勾一轮廓，然后再描绘，以求准确。绘图过程中，不得使用直尺、圆规等器具，不得使用钢笔或圆珠笔绘图。

6. 绘出的图形线条要光滑，无重叠现象。根据标本的特点选择不同的绘图方法。绘制铁苏木素染色标本和蠕虫卵等不染色标本时，通常用绘图铅笔以点线衬阴法绘图，即以实线表示轮廓，虚线表示被遮蔽但需表现的轮廓，用大小均匀、整齐的圆点的疏密来表示明暗、凹凸的立体感。染色标本一般要求绘彩图，按所观察标本的实际颜色绘制。

7.图形绘制完成后，要标注结构名称。标注时，从要标注的部位引出直线，将其名称注于线的末端，所画直线应与绘图纸的上下边缘平行，字需横列。

8.最后，在图的下方注明标本名称、放大倍数、染色方法、绘图日期等。

（李　睿）

第二章 寄生虫学实验

实验一 消化道寄生虫(线虫)

一、似蚓蛔线虫(蛔虫)

【目的与要求】

1. 掌握蛔虫卵的形态特征。
2. 掌握生理盐水直接涂片法检查虫卵。
3. 熟悉蛔虫成虫的外形特征。

【内容与方法】

1. 标本形态观察

(1) 示教标本:①成虫(大体标本);②成虫(解剖标本);③蛔虫头部(玻片标本);④虫卵(受精卵、未受精卵、含蚴卵、脱蛋白质膜虫卵玻片标本);⑤蛔虫性肠梗阻、蛔虫性阑尾炎(病理标本)。

(2) 自学标本:①蛔虫头部(玻片标本);②虫卵(受精卵、未受精卵玻片标本)

(3) 标本介绍

1) 蛔虫成虫(大体标本):肉眼观察。蛔虫为寄生于人体肠道中最大的线虫。虫体长圆柱形,似蚯蚓。活时淡红色,死后经固定呈灰白色。体表有纤细横纹,左、右各有一条纵行侧线。雌虫长 20~35cm,尾端钝直。雄虫长 15~31cm,尾端向腹面弯曲(图 2-1-1)。

2) 蛔虫成虫(解剖标本):肉眼观察。①消化器官。为一纵行直管,口孔位于虫体顶端,下连食管,以下依次为中肠和直肠。雌虫直肠通于后端肛门。雄虫直肠末端与射精管相通于泄殖腔。②生殖器官。雌虫的生殖器官为双管型,卵巢细长如线,一端游离,另一端膨大形成输卵管接子宫。子宫为最粗部分,长约 200mm,其内充满虫卵。两组子宫末端合并成阴道。阴门开口于虫体腹面前 1/3 与中 1/3 交界处。两组生殖器官盘绕在虫体后 2/3 部分。雄虫的生殖器官为单管型,盘绕在虫体后半部,依次为睾丸、输精管、储精囊、射精管。尾端有交合刺 2 根伸入泄殖腔而通至体外。

3) 蛔虫头部(玻片标本):低倍镜观察。3 个唇瓣排列成品字型,1 个在背面称背唇,2 个在腹面称腹唇,中央是口裂(图 2-1-2)。

4) 蛔虫卵(玻片标本):低倍镜或高倍镜观察。

受精卵(彩图 1):宽椭圆形,棕黄色,卵壳厚,外被一层凹凸不平的蛋白质膜。随粪便刚排出时内含一球形卵细胞,两端有新月形空隙。如粪便放置一段时间,卵细胞分裂,新月形空隙就逐渐消失了。

未受精卵(彩图 2):黄褐色,与受精卵相比较狭长,卵壳与蛋白质膜均较薄,蛋白质膜分布不均匀。卵内含大小不等的屈光颗粒。

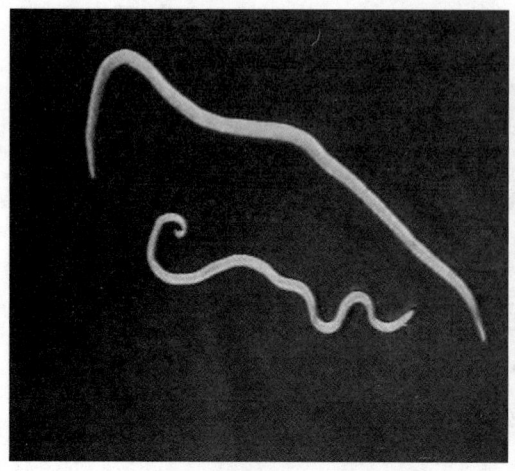
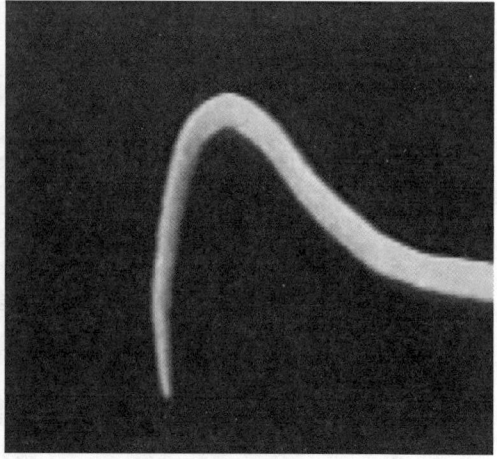

成虫　　　　　　　　　　　　　雌虫尾部

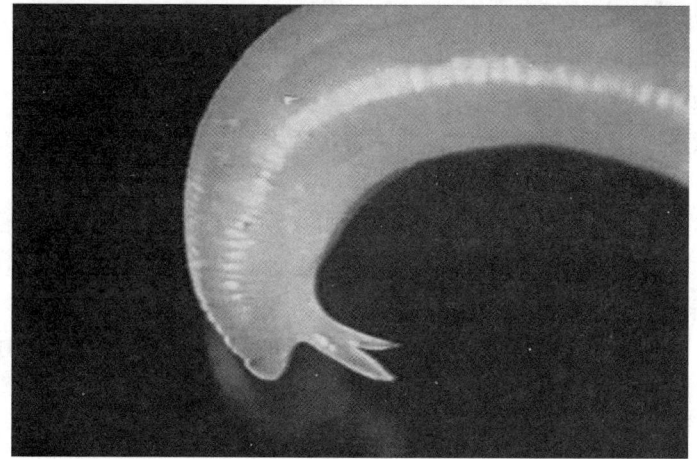

雄虫尾部

图 2-1-1　蛔虫成虫

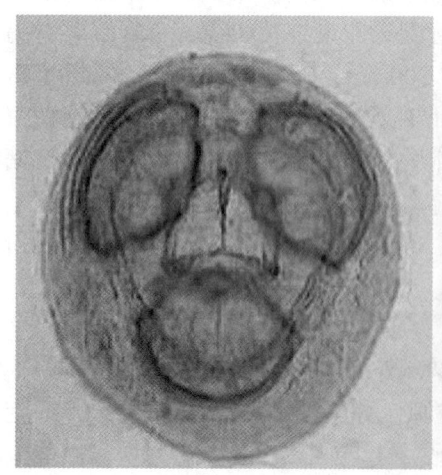
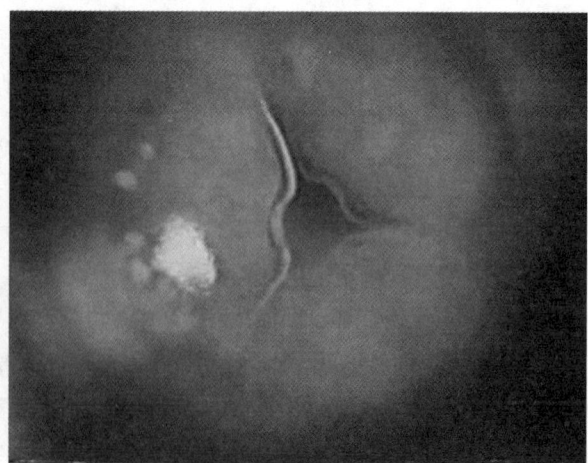

图 2-1-2　蛔虫头部

含蚴卵：外形与受精卵相同，但卵内不含卵细胞，而是一卷曲的幼虫。

脱蛋白质膜虫卵（彩图3）：受精卵与未受精卵皆可脱掉外层的蛋白质膜，使其变为无色，但卵内结构不变。应注意与钩虫卵相区别。

5) 病理标本：来自临床手术患者。

蛔虫性肠梗阻：可看到大量虫体扭结成团阻塞肠腔。

蛔虫性阑尾炎：可看到蛔虫钻入阑尾。

2. 技术操作　蛔虫含蚴卵的培养：①材料。培养皿、棉花、滤纸、蒸馏水、甲醛、蜡盘、剪刀、温箱、雌性蛔虫。②方法。取培养皿，底部平铺一层棉花，棉花上铺两层滤纸。先用蒸馏水湿棉花，再用2%甲醛溶液湿滤纸（以防细菌生长）。将雌性蛔虫固定于蜡盘上，使腹面向上，用剪刀在虫体前1/3的阴门处沿腹面剪至体后1/3处。剪取子宫近阴门处一段，放置培养皿内滤纸上，用解剖针将子宫挑开，挤出虫卵。盖上培养皿盖，放在28~30℃温箱中培养。每天加少量2%甲醛溶液以保持其湿度。3周后将滤纸上虫卵取下，用生理盐水做涂片镜检，可见感染性虫卵。

【作业】

绘蛔虫受精卵图、未受精卵图。

【思考题】

1. 如何区别蛔虫受精卵与未受精卵？
2. 便后不洗手污染了蛔虫卵，经口食入是否会引起感染？
3. 实验室检查如何诊断蛔虫病？
4. 蛔虫感染阶段是什么？

二、十二指肠钩口线虫和美洲板口线虫

【目的与要求】

1. 掌握钩虫卵形态特征。
2. 熟悉两种钩虫的形态鉴别。
3. 了解钩蚴培养法、钩虫卵检查方法。

【内容与方法】

1. 标本形态观察

(1) 示教标本：①虫卵（湿片标本）；②丝状蚴（玻片标本）；③成虫（浸制标本）；④成虫（染色玻片标本）；⑤病理标本（犬钩虫成虫寄生于小肠的浸制标本）。

(2) 自学标本：钩虫卵（湿片标本）。

(3) 标本介绍

1) 钩虫卵（湿片标本）（彩图4）：取固定于甲醛溶液中的虫卵悬液滴片，低倍镜观察。两种钩虫卵在光镜下形态极相似，不易区别。椭圆形，大小为（56~76）μm×（36~40）μm，卵壳薄，无色透明。刚排出人体的虫卵，内含4~8个卵细胞（如粪便搁置1~2天后检查，卵内细胞分裂为多细胞呈桑葚状或发育为幼虫）。卵壳与卵细胞间有明显空隙。

2) 丝状蚴（玻片标本）（图2-1-3）：钩虫丝状蚴大小为（0.5~0.7）mm×0.025mm，口腔封闭，在与咽管连接处的腔壁背面和腹面各有一个角质矛状结构，称为口矛或咽管矛。丝状蚴咽管细长，约为虫体长的1/5，整条丝状蚴体表覆有鞘膜。两种钩虫丝状蚴形态有显著差异。其鉴别要点见表2-1-1。

表 2-1-1　寄生人体两种钩虫丝状蚴的鉴别

鉴别要点	十二指肠钩口线虫	美洲板口线虫
外形	圆柱形，虫体细长，头端略扁平，尾端较钝	长纺锤形，虫体较短粗，头端略圆，尾端较尖
鞘横纹	不显著	显著
口矛	透明丝状，背矛较粗，两矛间距宽	黑色杆状，前端稍分叉，两矛粗细相等，两矛间距窄
肠管	管腔较窄，为体宽的 1/2，肠细胞颗粒丰富	管腔较宽，为体宽 3/5，肠细胞颗粒少

3) 钩虫成虫（浸制标本）（图 2-1-4）：由钩虫病患者驱虫后在粪便中收集成虫，保存于 5%～10% 甲醛溶液中，用肉眼观察外部形态特征。两种钩虫皆呈乳白色（活时肉红色），半透明，雌虫均比雄虫大，雌虫尾端尖细，雄虫尾端膨大，角皮向后延伸形成交合伞（常闭合，侧面观呈扇形）。十二指肠钩口线虫前、后端均向背面弯曲，体呈"C"形。美洲板口线虫前端向背面仰曲，后端向腹面弯曲，体呈"S"形。

4) 钩虫成虫（染色玻片标本）：低倍镜下比较观察两种钩虫成虫的口囊、交合伞形状及其背辐肋分支等形态特征（图 2-1-5），以区分两种钩虫，其主要鉴别点见表 2-1-2。

表 2-1-2　寄生人体两种钩虫成虫的鉴别

鉴别要点	十二指肠钩口线虫	美洲板口线虫
大小（mm）	雌虫（10～13）×0.6 雄虫（8～11）×（0.4～0.5）	雌虫（9～11）×0.4 雄虫（7～9）×0.3
体形	前、后端均向背面弯曲，体呈"C"形	前端向背面仰曲，后端向腹面弯曲，体呈"S"形
口囊	腹侧前缘有两对钩齿	腹侧前缘有一对板齿
交合刺	两刺呈长鬃状，末端分开	一刺末端呈钩状，常包套于另一刺的凹槽内
交合伞	撑开时略呈圆形	撑开时略呈扁圆形
背辐肋	远端分 2 支，每支再分 3 小支	基部先分 2 支，每支远端再分 2 小支

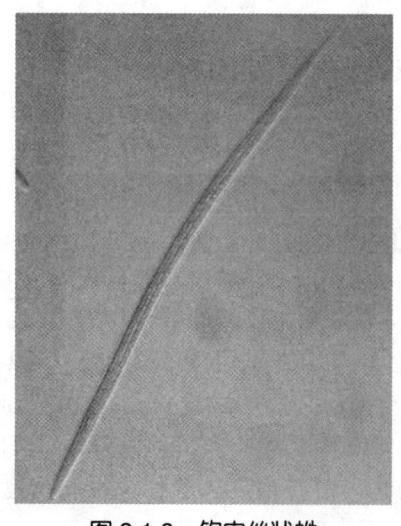

图 2-1-3　钩虫丝状蚴

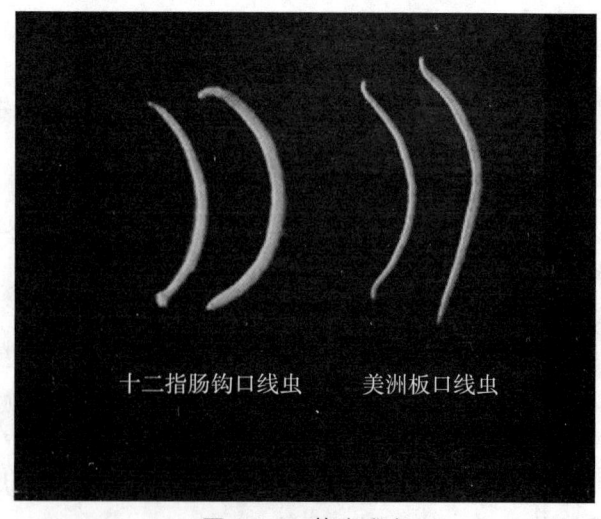

图 2-1-4　钩虫成虫

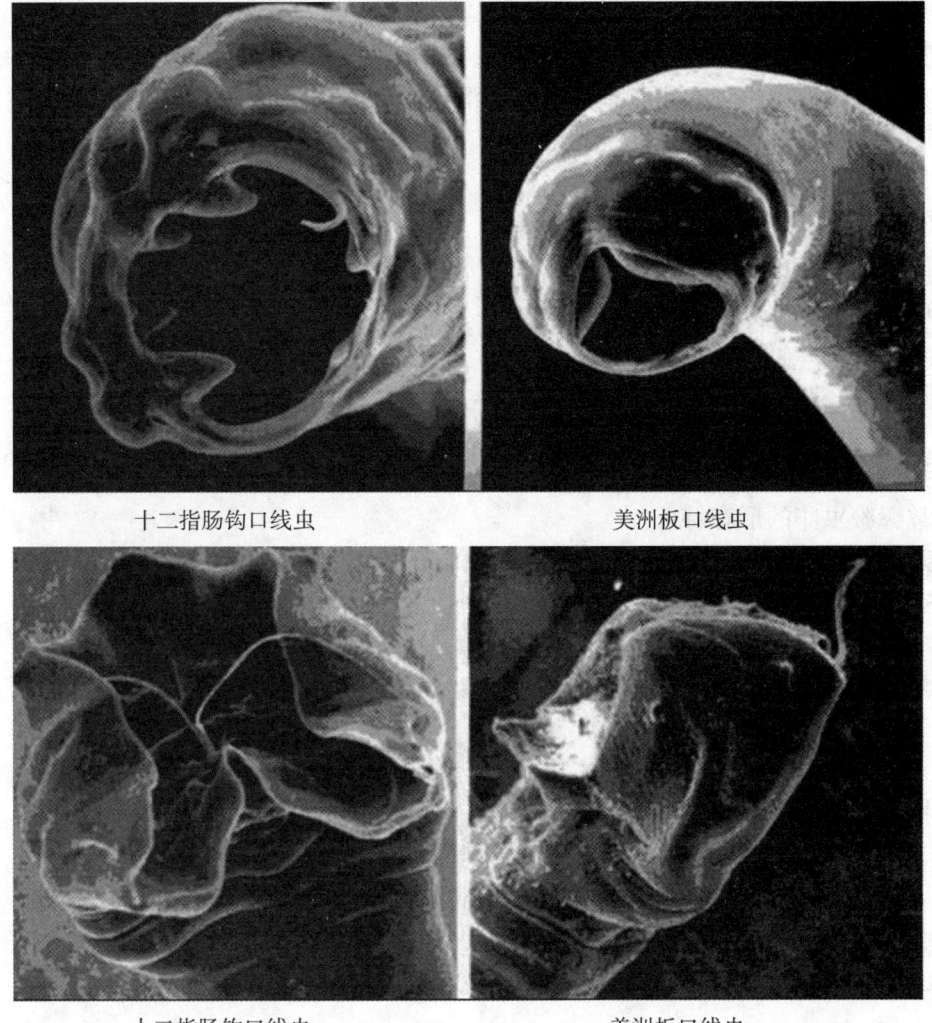

十二指肠钩口线虫　　　　　　　　　　美洲板口线虫

十二指肠钩口线虫　　　　　　　　　　美洲板口线虫

图 2-1-5　两种钩虫成虫的口囊、交合伞形状

5) 病理标本：将犬钩虫成虫寄生小肠的肠壁一段浸制于甲醛溶液中而制成，肉眼观察其寄生状态，即头端借口囊内钩齿（或板齿）咬附在肠黏膜上，虫体其余部分游离于肠腔内。

2. 技术操作

(1) 饱和盐水漂浮法：病原学诊断钩虫病的首选方法。

(2) 钩蚴培养法

1) 原理：利用钩虫卵在人体外适宜条件下孵出幼虫，感染期幼虫具向湿性的特点，浓集钩蚴以诊断钩虫病。

2) 材料：滤纸条、竹签、洁净试管（1cm×10cm）、冷开水、放大镜（显微镜）、培养箱。

3) 方法：加冷开水约 1ml 于试管内，将滤纸剪成"T"形纸条（"T"形纸条竖部与试管等长，横部略宽于试管口径），以铅笔书写受检者姓名或编号于纸条横部。取枣核大小粪便均匀涂布于纸条竖部上 2/3 处，再将纸条插入试管，下端浸于水中，以水面不接触粪便为宜。将试管置培养箱内 20～30℃条件下培养，培养过程中每天沿管壁补充冷开水，以保持水面位置。3 天后肉眼或用放大镜检查试管底部。钩蚴在水中常做蛇形运动,虫体透明。如阴性,应继续培养至第 5 天。如气温太低时可将试管置 30℃左右温水中数分钟再做观察。如欲鉴定虫种,可吸取试管底部沉淀物滴于载片上置显微镜下检查。

【作业】

绘钩虫卵图。

【思考题】

1. 两种钩虫成虫形态差异有哪些?
2. 简述钩虫的致病机制。
3. 钩虫有哪些感染方式?

三、毛首鞭形线虫(鞭虫)

【目的与要求】

1. 掌握鞭虫卵的形态特征。
2. 熟悉鞭虫成虫的外形特征。

【内容与方法】

标本形态观察如下。

1. 示教标本 ①成虫(大体标本);②雄虫(玻片染色标本);③虫卵(玻片标本);④寄生于肠壁的鞭虫(病理标本)。
2. 自学标本 虫卵(玻片标本)
3. 标本介绍

(1) 鞭虫成虫(大体标本)(图 2-1-6):肉眼观察。虫体长为 3~5cm,灰白色,前 3/5 细长,后 2/5 短粗,形似马鞭。雌虫较大,尾部钝圆。雄虫较小,尾端向腹面做环状卷曲。

(2) 雄虫(玻片染色标本):低倍镜观察。雄虫尾端有交合刺 1 根,外有鞘。鞘的周围有弯曲的鞘刺。

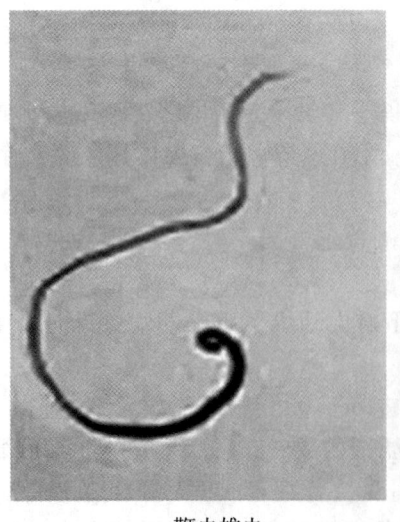
鞭虫雄虫

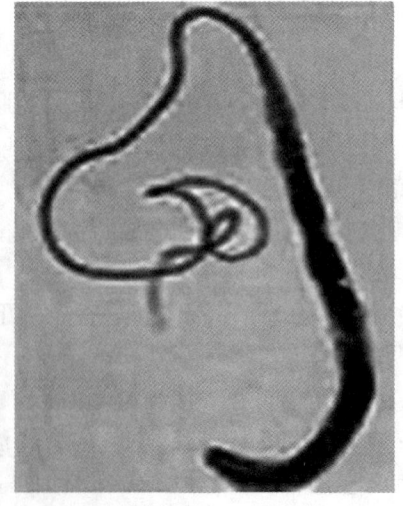
鞭虫雌虫

图 2-1-6 鞭虫成虫

(3) 鞭虫卵（玻片标本）：低倍镜或高倍镜观察。鞭虫卵呈腰鼓状或纺锤形，黄褐色，卵壳较厚，两端有透明的盖塞，卵内含一长圆形卵细胞（彩图5）。

(4) 病理标本：鞭虫寄生于肠壁，以其细长的前端侵入肠黏膜，粗短的体后部则游离于肠腔中（图2-1-7）。

图 2-1-7　在盲肠寄生的鞭虫

【作业】

绘鞭虫卵图。

【思考题】

1. 鞭虫生活史和蛔虫生活史有哪些异同点？
2. 鞭虫感染阶段是什么？

四、蠕形住肠线虫（蛲虫）

【目的与要求】

1. 掌握蛲虫卵形态特征。
2. 了解蛲虫卵的检查方法。

【内容与方法】

1. 标本形态观察

(1) 示教标本：①虫卵（玻片标本）；②成虫（浸制标本）；③成虫（玻片标本）。

(2) 自学标本：蛲虫卵（玻片标本）

(3) 标本介绍

1) 蛲虫卵（玻片标本）：取保存于甲醛溶液中的虫卵悬液1滴，滴于玻片上，加盖玻片后，低倍镜下观察。虫卵外形似柿核，无色透明，卵壳厚，大小为（50～60）μm×（20～30）μm，不对称椭圆形，一侧扁平，一侧隆起（蛲虫卵立体形状为近似椭圆形的不等面三角体），光镜下，壳双层，无色透明。蛲虫卵自人体排出时壳内多含一蝌蚪期胚胎（彩图6）。

2) 蛲虫成虫（浸制标本）：患者经驱虫后由粪便中收集，雌虫也可在患儿入睡时从肛周取得，保存于甲醛溶液中。肉眼直接观察，蛲虫虫体细小，乳白色，酷似白线头，民间俗称线头虫。雌虫大小（8～13）mm×（0.3～0.5）mm，虫体中部膨大，尾端直而尖细；雄虫略小，大小为（2～5）mm×（0.1～0.2）mm，体后端向腹面卷曲（图2-1-8）。

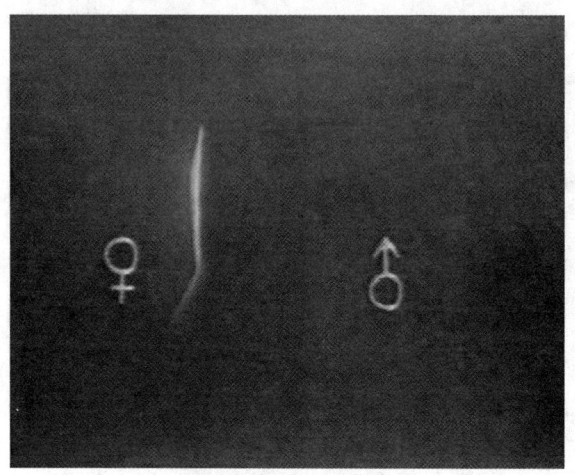

图2-1-8　蛲虫成虫

3) 蛲虫成虫（染色玻片标本）：低倍镜观察，头端角皮膨大，称头翼；咽管末端膨大呈球形，称咽管球（图2-1-9）；雌虫子宫内充满虫卵；雄虫尾端有1根交合刺伸出。

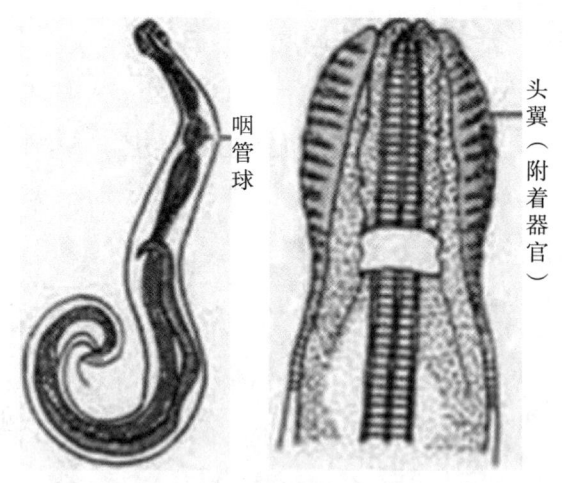

图2-1-9　蛲虫头翼及咽管球

2. 技术操作　透明胶纸法检查蛲虫卵。
(1) 原理：蛲虫在患者肛周产卵，可利用透明胶纸粘取虫卵进行检查。
(2) 材料：透明胶纸（宽2cm）、载玻片、显微镜。
(3) 方法：将胶纸剪成长5～6cm，贴于载玻片上。使用时，从一端拉起胶纸，在被检查者肛门周围皮肤上用力粘几下，然后将胶纸依原样粘于载玻片上，低倍镜下观察。

(4) 注意事项：检查应在晨起排便前进行。

【作业】

绘蛲虫卵图。

习 题

(一)选择题

1. 属于生物源性蠕虫的是

A. 钩虫

B. 蛔虫

C. 蛲虫

D. 鞭虫

E. 丝虫

2. 蛔虫卵的形态与其他线虫虫卵的主要不同是

A. 卵壳透明

B. 卵内含幼虫

C. 呈棕黄色

D. 有明显的凹凸不平的蛋白质膜

E. 椭圆形

3. 钩虫的感染阶段为

A. 感染期虫卵

B. 杆状蚴

C. 丝状蚴

D. 微丝蚴

E. 含蚴卵

4. 检查蛲虫卵最好的方法是

A. 直接涂片法

B. 饱和盐水漂浮法

C. 水洗沉淀法

D. 肛门拭子法

E. 离心沉淀法

5. 具有夜现周期性的线虫是

A. 丝虫

B. 旋毛虫

C. 蛲虫

D. 钩虫

E. 鞭虫

6. 毛首鞭形线虫的主要致病机制为

A. 夺取营养

B. 幼虫移行时对组织造成的损害作用
C. 虫体代谢产物所致变态反应
D. 成虫的特殊产卵习性
E. 成虫利用前端插入肠黏膜及黏膜下层,以组织液和血液为食,导致局部黏膜炎症

(二)名词解释
1. 异嗜症
2. 夜现周期性

(三)问答题
1. 描述蛔虫、蛲虫、钩虫、鞭虫成虫及虫卵的形态特点。
2. 简述蛔虫、蛲虫、钩虫、鞭虫常用的实验诊断方法。
3. 结合蛲虫生活史,简述幼儿蛲虫病不易治愈的原因。
4. 为什么粪便中不易查获蛲虫卵?

(李 睿)

实验二 消化道寄生虫(吸虫、绦虫)

一、布氏姜片吸虫

【目的与要求】
1. 掌握姜片虫卵的形态特征。
2. 熟悉姜片虫中间宿主及植物媒介。
3. 熟悉姜片虫成虫的形态结构。

【内容与方法】
标本形态观察如下。
1. 示教标本 ①虫卵(湿片标本);②成虫(玻片染色标本、浸制标本);③囊蚴(玻片标本);④中间宿主;⑤媒介植物。
2. 自学标本 虫卵(湿片标本)。
3. 标本介绍

(1) 姜片虫卵(湿片标本)(彩图7):是蠕虫卵中最大者,淡黄色,椭圆形,卵壳薄,卵盖小而不明显,卵内含1个卵细胞和20~40个卵黄细胞。

(2) 姜片虫成虫(玻片标本)(图2-2-1):肉眼观察,虫体背腹扁平,前窄后宽,大小为(20~75)mm×(8~20)mm,口吸盘小,位于虫体前端亚顶位,腹吸盘呈漏斗状,比口吸盘大4~5倍,口、腹吸盘相距很近,肠管呈波浪状弯曲延伸至虫体末端。睾丸2个,高度分支呈珊瑚状,前后排列于虫体后半部,卵巢位于睾丸之前呈佛手状分支,旁侧为梅氏腺,缺受精囊。子宫盘曲在卵巢与腹吸盘之间。卵黄腺布满虫体两侧呈滤泡状。

(3) 姜片虫成虫(浸制标本):虫体保存于甲醛溶液中,虫体灰白色,背腹扁平,肥厚,前窄后宽,椭圆形,可清楚地看到腹吸盘。

(4) 姜片虫囊蚴(玻片标本):囊蚴扁圆形,大小平均为216μm×187μm,囊壁两层,

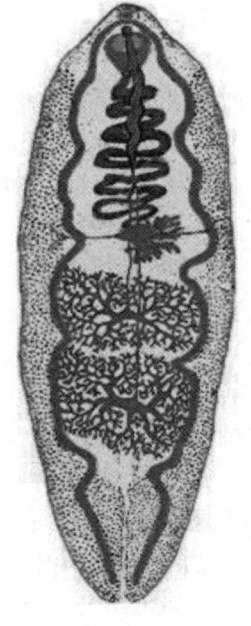
背腹扁平，叶片状，
肥厚，呈肉红色

布氏姜片虫成虫

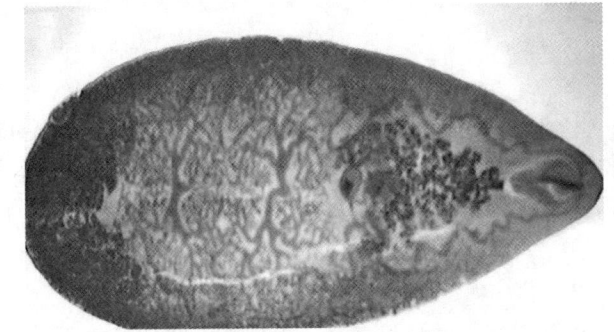

图 2-2-1　姜片虫成虫

外壁厚度不均，脆弱易破，内层厚薄均匀而坚韧，排泄囊内充满黑色折光颗粒。

(5) 姜片虫中间宿主：扁卷螺，螺壳扁平盘曲，体小，棕黄色，漂浮于水面（图2-2-2）。

(6) 姜片虫媒介植物：菱角、茭白、荸荠等（图2-2-2）。

【作业】

绘姜片虫卵图。

【思考题】

1. 姜片虫的终宿主、中间宿主、保虫宿主各是什么？

2. 如何预防姜片虫感染？

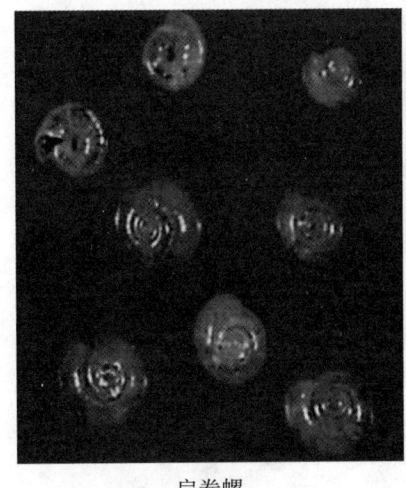
扁卷螺

荸荠

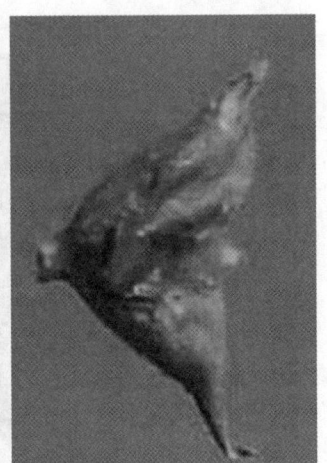
菱角

图 2-2-2　姜片虫的中间宿主和媒介植物

二、带绦虫

【目的与要求】
1. 掌握带绦虫卵的形态特点。
2. 熟悉两种带绦虫成虫、孕节及囊尾蚴的形态特征,掌握其鉴别要点。
3. 认识猪囊尾蚴、牛囊尾蚴寄生于猪肉、牛肉中的病理标本。

【内容与方法】
1. 标本形态观察
(1) 示教标本:
1) 猪带绦虫:①成虫(浸制标本);②孕节(玻片标本);③囊尾蚴(玻片标本);④囊尾蚴寄生于猪肉、脑、心脏等(病理标本);⑤囊尾蚴(浸制标本);⑥带绦虫卵(湿片标本)。
2) 牛带绦虫:①成虫(浸制标本);②孕节(玻片标本);③囊尾蚴(玻片标本);④囊尾蚴寄生于牛心脏(病理标本)。
(2) 自学标本:
1) 猪带绦虫:①虫卵(湿片标本);②囊尾蚴(玻片标本);③孕节(玻片标本)。
2) 牛带绦虫:①囊尾蚴(玻片标本);②孕节(玻片标本)。
(3) 标本介绍
1) 猪带绦虫成虫(浸制标本)(图2-2-3):绦虫病患者驱绦后,将驱出的成虫浸制于甲醛溶液中而成。虫体外形扁长如带,乳白色,长2~4m,头节小,近球形,直径约1mm。颈部纤细,直径约为头节的1/2,长度为5~10mm,链体由700~1000个节片构成,节片薄略透明。幼节宽大于长。成节近方形,具发育成熟的雌、雄生殖器官各1套。孕节长大,除充满虫卵的子宫外,其他器官均退化。
2) 猪带绦虫孕节(玻片标本)(图2-2-4):取成虫孕节,将0.5ml墨汁由孕节一端正中注入子宫主干,用手轻压使墨汁分布至侧支中,再经固定、脱水、透明制作而成。用肉眼或低倍镜观察。孕节内子宫由主干向两侧分支,每侧7~13支,子宫分支排列不整齐,子宫内充满虫卵。

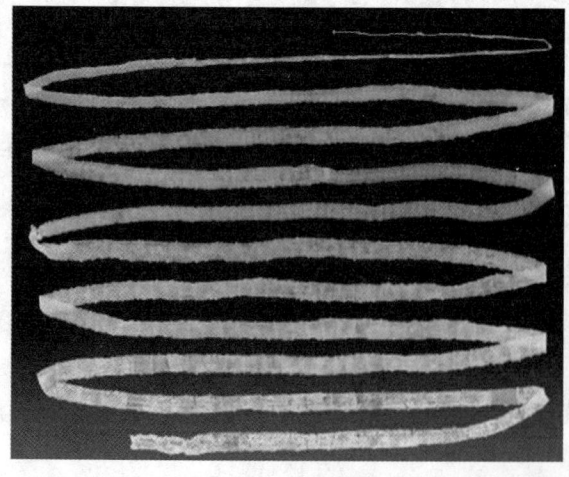
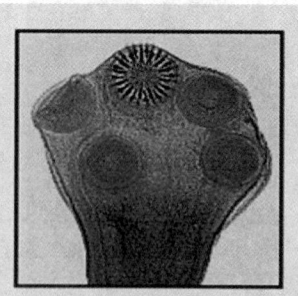

头节呈圆球形,有4个吸盘,顶端有顶突,其上有小钩25~50个,排列成内外两圈

图2-2-3 猪带绦虫成虫及头节

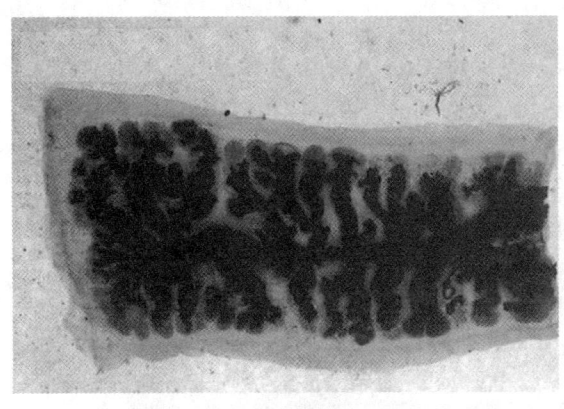

图 2-2-4 猪带绦虫孕节

3) 猪带绦虫囊尾蚴（彩图8）：从猪米糁肉中剥离，经甲醛溶液固定制成。虫体为卵圆形、乳白色半透明的囊状体，黄豆大小，囊内充满透明的液体，囊壁内面有一米粒大的小白点，即缩在囊内的头节，其构造与成虫头节相同。

4) 牛带绦虫成虫（浸制标本）：绦虫病患者驱绦后，将驱出的成虫浸制于甲醛溶液中而成。虫体长 4～8m，头节略呈方形（图 2-2-5），直径 1.5～2mm，无顶突及小钩。链体由 1000～2000 节片构成，节片肥厚不透明。幼节宽大于长。成节近方形，具发育成熟的雌、雄生殖器官各 1 套。孕节长大，除充满虫卵的子宫外，其他器官均退化。

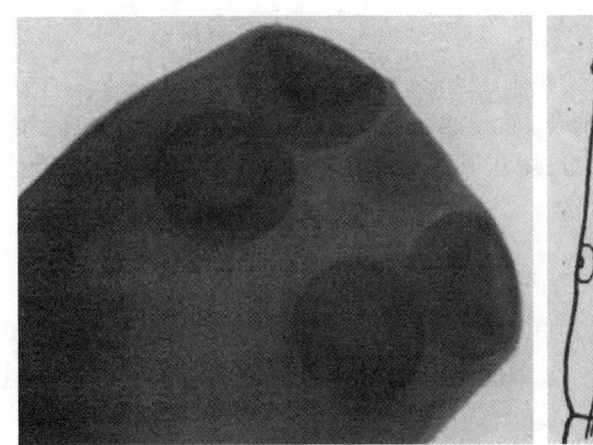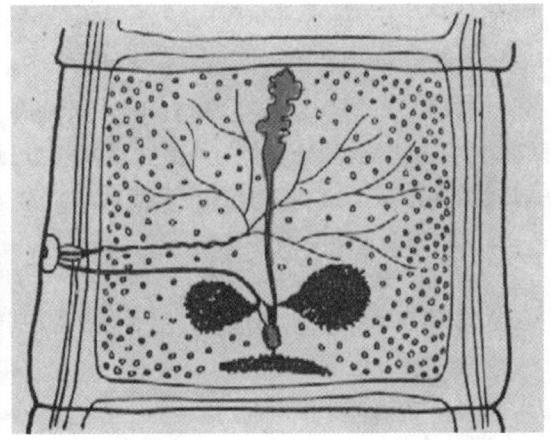

图 2-2-5 牛带绦虫头节及成节

5) 牛带绦虫孕节（玻片标本）（图 2-2-6）：取成虫孕节，将 0.5ml 墨汁由孕节一端正中注入子宫主干，用手轻压使墨汁分布至侧支中，再经固定、脱水、透明制作而成。用肉眼或低倍镜观察，子宫由主干向两侧分支，较整齐，从分支的基部计数，每侧为 15～30 支，呈树枝状。

6) 牛带绦虫囊尾蚴（玻片标本）（图 2-2-7）：从牛米糁肉中剥离出囊尾蚴，孵化出头节后压片，经卡红染色制成。低倍镜观察，头节方形，其上有 4 个吸盘，无顶突及小钩。

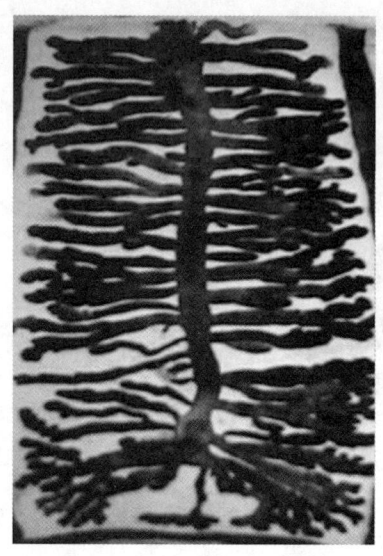

图 2-2-6 牛带绦虫孕节图

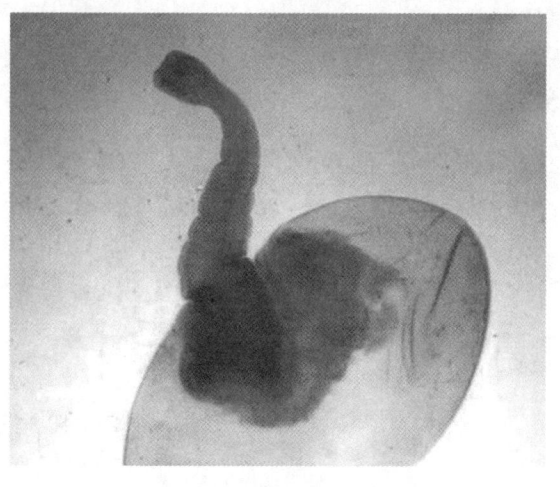

2-2-7 牛带绦虫囊尾蚴

7) 猪带绦虫卵(湿片标本)(彩图9):从孕节中涮出虫卵,经甲醛溶液固定而成。取固定液中的绦虫卵,滴于载玻片上,加盖片后用低、高倍镜观察,虫卵球形或近球形,直径31~43μm,卵壳薄,多已脱掉,胚膜厚,棕黄色具放射状条纹,卵内含一六钩蚴,成熟虫卵内六钩蚴的小钩明显可见。牛带绦虫与猪带绦虫卵相似,难以鉴别。

2.技术操作

(1) 带绦虫孕节鉴定

1) 材料:载玻片、注射器、炭素墨汁或卡红、搪瓷盘、培养皿。

2) 步骤:取完整的绦虫孕节,用清水洗净,置于两载玻片之间,轻轻压平,对光观察内部结构,并根据子宫分支情况鉴定虫种。也可用注射器从孕节后端正中部插入子宫内徐徐注射炭素墨汁或卡红,待子宫分支显现后计数。

(2) 猪带绦虫囊尾蚴孵化

1) 材料:米糁猪肉、手术刀、胆汁、生理盐水、培养皿

2) 步骤:取米糁猪肉适量,用手术刀将其中的囊尾蚴完整地剥离出来,放入40%的胆汁生理盐水中,置37~42℃温箱内孵化,一般1h内便可孵出头节。在解剖镜下观察囊尾蚴头节的活动情况。

【作业】

绘带绦虫卵图。

习 题

(一)选择题

1.猪带绦虫头节的形态特征是

A.近方形,有4个吸盘

B.圆形,腹背各有一个吸槽

C. 具有顶突和2圈小钩为25~50个

D. 椭圆形, 有口吸盘和腹吸盘

E. 以上均不是

2. 人感染猪带绦虫的成虫是因为

A. 误食猪带绦虫的虫卵

B. 误食猪囊尾蚴

C. 被蚊子叮咬

D. 与绦虫病患者有密切接触

E. 以上均不是

3. 诊断脑囊虫病常使用的方法是

A. 粪便饱和盐水漂浮法

B. 皮下结节手术摘除镜检

C. 从粪便中检获孕节

D. 皮内试验

E. 粪便直接涂片法

4. 治疗囊虫病, 可使囊尾蚴变性和坏死的药物是

A. 槟榔+硫酸镁

B. 南瓜籽

C. 吡喹酮

D. 南瓜籽+槟榔+硫酸镁

E. 以上均不是

5. 关于牛带绦虫, 正确的是

A. 子宫分支整齐, 每侧15~30支

B. 头节呈圆形, 有2圈小钩

C. 成节内卵巢分3叶

D. 孕节常数节同时脱落, 被动排出

E. 人是中间宿主

6. 寄生于人体的吸虫生活史中, 幼虫

A. 不繁殖

B. 进行配子生殖

C. 进行接合生殖

D. 进行裂体增殖

E. 进行孢子生殖

7. 吸虫生活史的中间宿主必须有

A. 食肉类哺乳动物

B. 食草类哺乳动物

C. 淡水螺

D. 水生植物

E. 淡水鱼、虾

8. 除下列哪项外, 均为吸虫的发育阶段

A. 毛蚴

B. 胞蚴

C. 雷蚴

D. 尾蚴

E. 囊尾蚴

9. 以下哪项不属于吸虫的形态结构特征

A. 有口吸盘和腹吸盘

B. 多为雌雄同体

C. 虫体两侧对称

D. 无消化道

E. 无体腔

10. 卵内含一个卵细胞，周围有 20～40 个卵黄细胞，且卵盖不明显的虫卵是

A. 血吸虫卵

B. 姜片吸虫卵

C. 绦虫卵

D. 肺吸虫卵

E. 肝吸虫卵

(二) 名词解释

1. 中绦期
2. 囊虫病

(三) 简答题

1. 简述人体两种带绦虫的形态区别。
2. 简述猪囊尾蚴病的危害。
3. 人体感染猪带绦虫卵的方式有哪几种？
4. 猪带绦虫病的病原学诊断方法有哪些？
5. 猪囊尾蚴病的免疫学诊断方法有哪些？

(王宗军)

实验三　消化道寄生虫 (原虫)

一、溶组织内阿米巴 (痢疾阿米巴)

【目的和要求】

1. 掌握溶组织内阿米巴滋养体及包囊形态特征。
2. 熟悉粪便检查阿米巴滋养体及包囊的方法。
3. 了解溶组织内阿米巴体外培养方法及铁苏木素染色法。

【内容与方法】

1. 标本形态观察

(1) 示教标本（图2-3-1）

1) 患者大肠壁溃疡病理标本及病理切片标本：其特点表现为结肠黏膜面有大小不等的溃疡，溃疡之间黏膜正常。

2) 阿米巴肝脓肿病理标本：脓肿大的标本，肉眼可见由纤维组织所形成的脓肿壁，脓腔内有未被溶解的结缔组织，形成带状支持架贯通脓腔。

3) 溶组织内阿米巴滋养体（铁苏木素染色玻片标本）。

4) 溶组织内阿米巴包囊（铁苏木素染色玻片标本和碘液染色标本）。

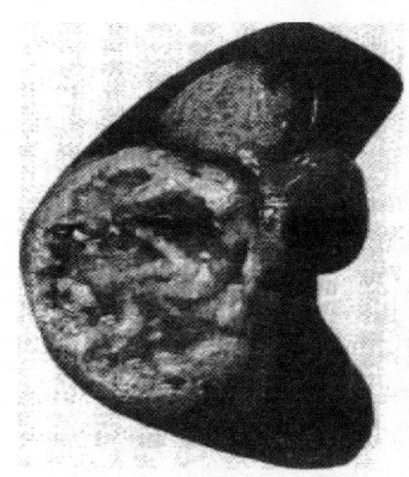

图2-3-1　阿米巴肝脓肿（左）与肠壁溃疡的病理标本（右）

(2) 观察标本

1) 铁苏木素染色滋养体标本（彩图10）：用高倍镜按顺序寻找，若发现体积较大、外缘透明、有不规则的伪足，内为颗粒状而有黑色细胞核的物体，则可能是滋养体。将其移至视野中心，滴1滴香柏油，换油镜，用细调螺旋调焦距，看到清晰的滋养体后，注意观察滋养体的以下特征：①外形圆或椭圆形，虫体直径一般为20~30μm；②外质无色透明，常显示有伪足；③内质为蓝黑色颗粒状，食物泡中含有完整或半消化的圆形蓝灰色或灰白色的红细胞，此点为滋养体的最主要特征（染色后红细胞被脱色，仅见空泡）；④核圆形，有薄而染黑色的核膜，膜内缘可见分布较均匀或聚在一边呈镰刀形的染色质粒，核中央有一黑色的点状核仁。但应注意：在玻片中因制片的关系，外质会很不清楚，滋养体外围的空白圈并非是外质，而是虫体收缩留下的空白处；伪足是不能或不易看到的，如有伪足，则在伪足处最明显。

2) 活滋养体（彩图11）：从患者新鲜粪便中的脓血部分取材，立即做生理盐水涂片，加盖玻片后用高倍镜观察；或保存在37℃条件下的人工培养液中，吸取少量培养物滴于载玻片上加盖玻片后仔细观察。阿米巴为透明活动体，注意伪足的形成及运动特点（定向运动），常因室温低或放置久而运动迟缓。人工培养的滋养体，食物泡内不含红细胞，而含淀粉颗粒。在活体中细胞核不易看到。此种涂片不可用油镜观察。临床进行滋养体检查时应注意：快速送检；气温低时，应注意保温，必要时要用保温台保持温度，或先将载玻片和生理盐水略加温，使滋养体保持活动状态，便于观察；避免尿液污染粪便；取有脓血的粪便检查；粪容器不要含化学试剂；涂片要薄而均匀。

3) 溶组织内阿米巴包囊（碘液染色玻片标本，低倍镜观察；图2-3-2）：包囊为圆形，很小（直径5～15μm），呈黄色或棕黄色，糖原泡为棕红色，囊壁、核仁和拟染色体均不着色。找到后再转高倍镜观察，注意细胞核往往不在同一水平面上，核数在1～4个（常见4个）。观察包囊必须与人酵母菌或脂肪滴鉴别：人酵母菌形态大小不同，内含较大的空泡；脂肪滴的反光性较强，不着色，无任何结构。

4) 溶组织内阿米巴包囊（铁苏木素染色玻片标本）：铁木素染色的包囊为深蓝色，未成熟包囊内见染成蓝色棒状的拟染色体，糖原被溶解后形成空泡（糖原泡）。成熟包囊中可见4个细胞核。成熟包囊为溶组织内阿米巴的感染期。

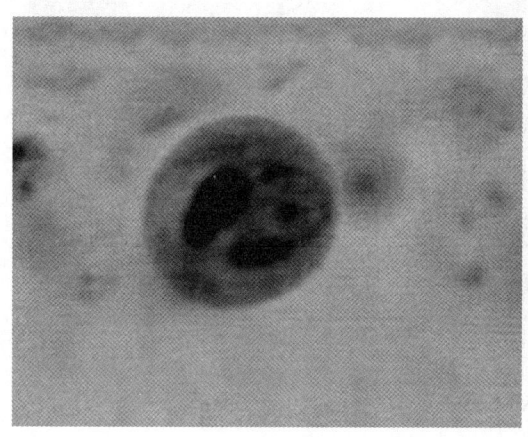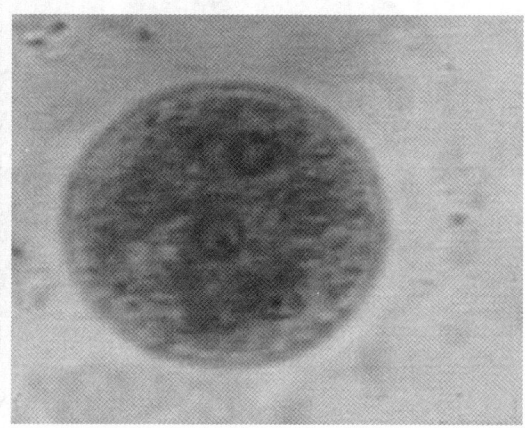

图2-3-2　单核包囊（左）和成熟包囊（右）

2.技术操作

(1) 粪便生理盐水直接涂片法检测溶组织内阿米巴滋养体（方法见第三章第一节）。

(2) 粪便碘液染色法检测溶组织内阿米巴包囊（方法见第三章第一节）。

【作业】

1.绘溶组织内阿米巴滋养体图（铁苏木素染色）。

2.绘溶组织内阿米巴包囊图（碘染）。

3.在粪便中检查阿米巴滋养体和包囊时应注意些什么？

二、结肠内阿米巴

【目的和要求】

1.掌握结肠内阿米巴包囊的形态特征及其与溶组织内阿米巴包囊的形态鉴别。

2.熟悉结肠内阿米巴滋养体的形态特征。

【内容与方法】

标本形态观察如下。

1.示教标本（图2-3-3）

(1) 结肠内阿米巴滋养体（铁苏木素染色标本）：较溶组织内阿米巴的滋养体略大，内

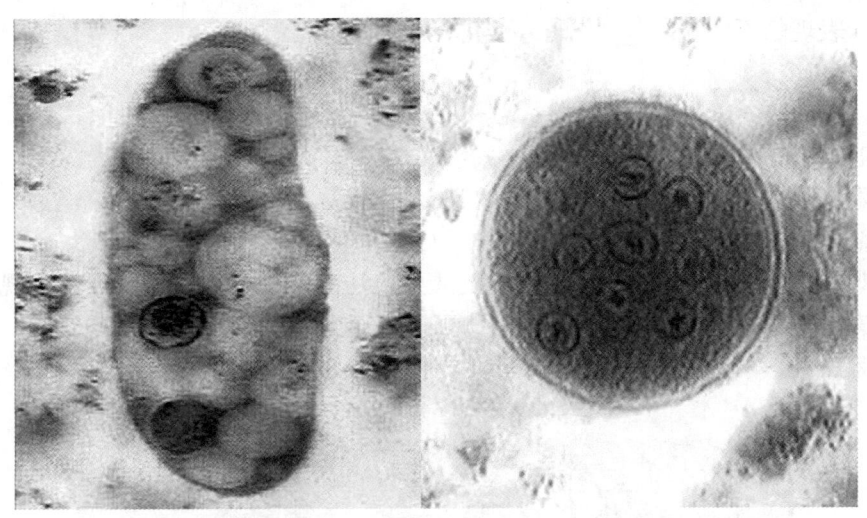

图 2-3-3　结肠内阿米巴滋养体（左）和包囊（右）

质、外质分界不甚明显，食物泡内含有细菌和淀粉颗粒等，但不含红细胞。核仁常偏于一边。核膜内缘的染色质粒粗而不均匀，排列不整齐。

(2) 结肠内阿米巴包囊（铁苏木素染色标本）：较溶组织内阿米巴的包囊大，圆球形，胞核 1～8 个，核构造和滋养体相似。拟染色体的两端不整齐似碎片状或草束状。

2. 观察标本：结肠内阿米巴包囊（碘液染色涂片），与溶组织内阿米巴包囊比较有以下几点不同：①比较大，直径 10～30μm；②染色较深；③包囊壁比较厚；④核比较多，可见 1～8 个核。

【作业】
1. 绘结肠内阿米巴滋养体与包囊镜下形态图（碘染）。
2. 试述溶组织内阿米巴和结肠内阿米巴的形态鉴别要点。

三、蓝氏贾第鞭毛虫（贾第虫）

【目的和要求】
掌握贾第虫滋养体与包囊的形态特征。

【内容与方法】
镜下观察标本：吉姆萨染色玻片标本，油镜观察。

1. 滋养体玻片标本　虫体蓝黑色，外形为纵切倒置的半梨形，背面隆起，大小为（9～21）μm×（5～15）μm，两吸盘凹陷，底部各有 1 个细胞核，两核之间有 1 对轴柱及 4 对鞭毛，纵贯虫体，有时可见副基体。

2. 包囊破片标本　虫体椭圆形，大小为（8～14）μm×（7～10）μm；囊壁无色透明，囊壁与虫体之间有明显空隙；囊内可见 2～4 个偏于一端的细胞核。有时可见鞭毛、轴柱等早期结构。

【作业】
1. 画出贾第虫滋养体与包囊的镜下形态结构图（铁苏木素染色）。
2. 比较镜检贾第虫滋养体与溶组织内阿米巴滋养体的难易程度，加深理解两虫体致病机制及临床表现的不同。

四、隐孢子虫

【目的和要求】

掌握隐孢子虫卵囊的形态特征。

【内容与方法】

镜下观察标本：卵囊金胺-酚-改良抗酸染色法玻片标本。高倍镜观察，视野背景蓝绿色，卵囊玫瑰红色，囊内有4个排列不规则的子孢子及黑色颗粒状的残留体，非特异颗粒被染成蓝黑色，两者颜色显然不同，易区别（图2-3-4）。

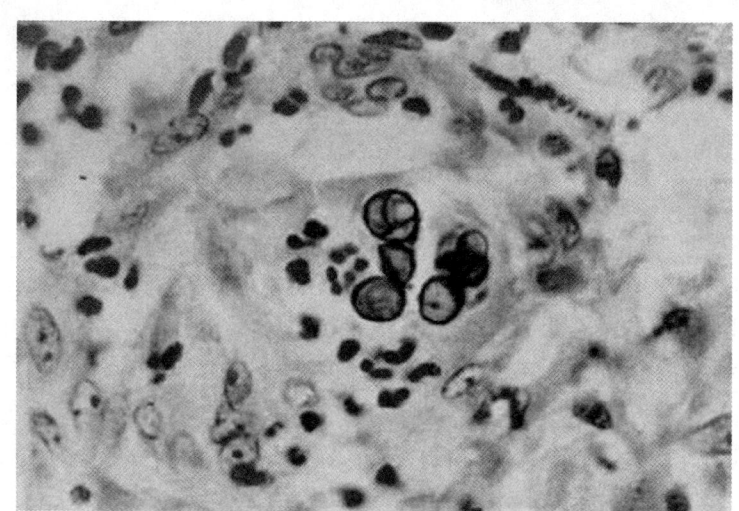

图 2-3-4　隐孢子虫（卵囊金胺-酚-改良抗酸染色法）

【作业】

画出隐孢子虫卵囊镜下形态结构图。

习　题

（一）选择题

1.取某患者的稀软便做生理盐水直接涂片，镜下可见一大小约15μm的虫体做缓慢、定向的阿米巴运动，未见吞噬红细胞，该虫体可能是

　　A.结肠内阿米巴滋养体

　　B.微小内蜒阿米巴滋养体

　　C.溶组织内阿米巴大滋养体

　　D.溶组织内阿米巴小滋养体

　　E.布氏嗜碘阿米巴滋养体

2.在带虫者体内，溶组织内阿米巴的生活史形式为

　　A.大滋养体→小滋养体→包囊

B. 大滋养体→包囊→小滋养体
C. 包囊→小滋养体→大滋养体
D. 小滋养体→大滋养体→包囊
E. 包囊→小滋养体→包囊

3. 最常见的肠外阿米巴病是
A. 阿米巴肝脓肿
B. 阿米巴肺脓肿
C. 阿米巴脑脓肿
D. 皮肤型阿米巴病
E. 原发性阿米巴脑膜脑炎

(二) 名词解释
1. 阿米巴运动
2. 带虫状态

(三) 问答题
1. 如何在显微镜下鉴别溶组织内阿米巴的大滋养体与吞噬细胞？
2. 典型的阿米巴痢疾患者的粪便有何特点？对其该如何进行检查？

（张业霞）

实验四　肝与胆管寄生虫

一、华支睾吸虫（肝吸虫）

【目的与要求】
1. 掌握肝吸虫卵的形态特征。
2. 掌握厚涂片透明法的操作技术。
3. 熟悉肝吸虫成虫的形态特征及对人体的危害。
4. 了解肝吸虫的中间宿主。

【内容与方法】
1. 标本形态观察
(1) 肉眼观察标本

1) 成虫外部形态浸制标本（彩图12）：解剖猫从其肝胆管内取得，外形如葵花子，扁平、半透明，大小为（20～25）mm×（3～5）mm，口吸盘不清楚，虫体后1/3处可见分支睾丸，体前中部可见盘绕的子宫，体两侧有肠管。活时呈肉红色，并可见到虫体蠕动。

2) 成虫寄生于肝胆管的病理组织浸制标本：成虫寄生于肝胆管内，肝切面可见肝胆管壁增厚、管腔因虫体寄生而阻塞。

3) 中间宿主（图2-4-1）：①第一中间宿主干制标本，如豆螺、沼螺等；②第二中间宿主浸制标本，如淡水鱼、淡水虾等。

(2) 镜下观察标本（图2-4-2和彩图12）

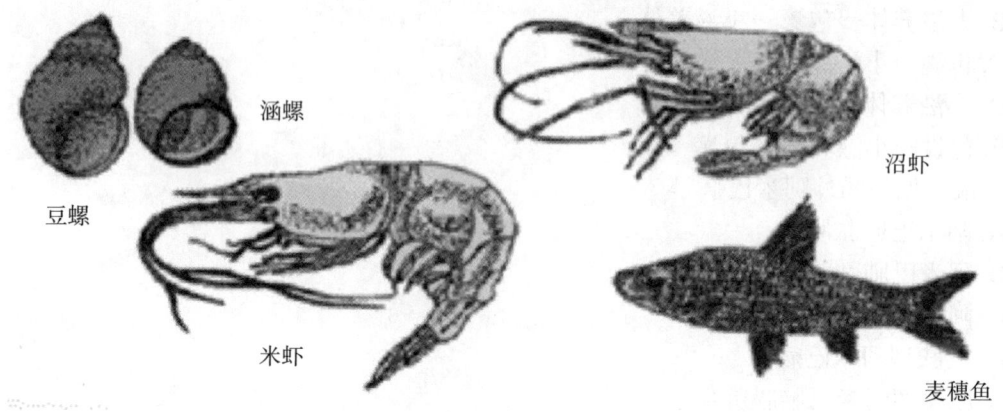

图 2-4-1　华支睾吸虫的中间宿主

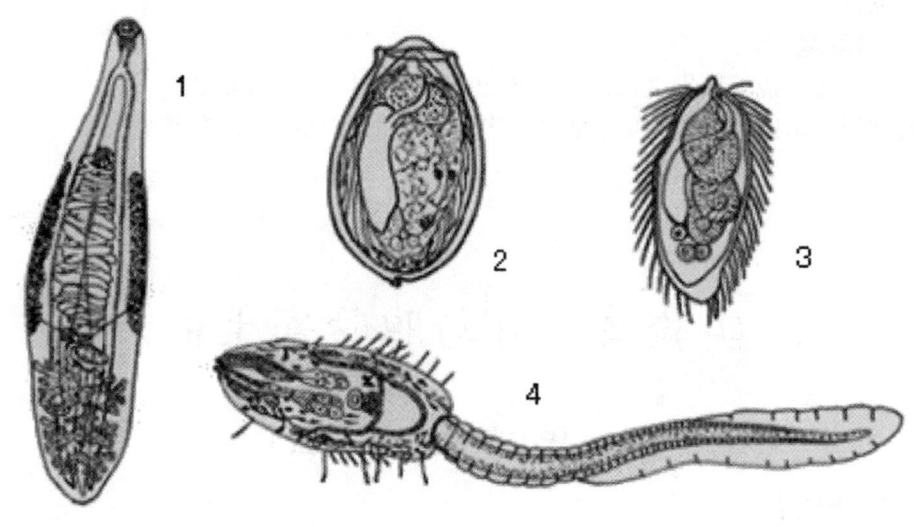

图 2-4-2　华支睾吸虫
1. 虫体　2. 虫卵　3. 毛蚴　4. 尾蚴

1) 成虫染色玻片标本：固定后的虫体，经染色透明，用树胶封片即成，用低倍镜观察如下结构：①腹吸盘较口吸盘略小，位于体前 1/5 的腹面。②肠管沿虫体两侧直达后端，以盲管终止，中途无显著曲折。③排泄囊为"S"形的长袋状结构，占虫体的 1/3 中线部位。④雄性生殖器有 2 个睾丸，前后排列，分支状，位于虫体后 1/3 处。每个睾丸各有一输出管，向前延伸至虫体中部，汇合成输精管，经储精囊、射精管，开口于腹吸盘之前的生殖腔。缺雄茎囊及前列腺。⑤雌性生殖器官有卵巢，分 3 叶，位于睾丸的前方，其下方有 1 个椭圆的受精囊及 1 根细长的劳氏管。子宫位于卵巢和腹吸盘之间，其中充满虫卵，自卵模前开始盘曲而上，开口于腹吸盘前的生殖腔。卵黄腺滤泡状，分布于虫体中段两侧。

通过上述观察，认识典型的华支睾吸虫具有体扁平、葵花子状、有口吸盘和腹吸盘、雌雄同体、消化系统不完整（无肛门）等特点。

2) 虫卵玻片标本：是常见蠕虫卵中最小的一种，虫卵黄褐色，甚小，平均大小为

9μm×17μm，在低倍镜下形似芝麻粒；高倍镜下观察，前端较窄，有一明显卵盖，后端钝圆，有一逗点状突起，整体形状似灯泡。卵壳与卵盖结合处稍厚隆起称肩峰，另一端有疣状小结节，卵内含有1个成熟的毛蚴。

2．技术操作　厚涂片透明法。

【作业】

1．画出肝吸虫卵镜下形态结构图。

2．进行厚涂片透明法检查虫卵时要注意什么问题？

二、细粒棘球绦虫（包生绦虫）

【目的和要求】

1．掌握棘球蚴的结构特征。

2．熟悉细粒棘球绦虫成虫的形态特征。

3．掌握原头节的形态特点。

4．了解棘球蚴的常见寄生部位及致病特点。

【内容与方法】

1．肉眼观察标本　棘球蚴寄生于肝、肺的病理组织浸制标本：棘球蚴为圆形囊状体，外包有结缔组织包膜。其囊壁分为2层，外层为角皮层，乳白色，半透明，似粉皮状；内层为胚层，很薄，着生有大小不一的小囊（原头蚴、育囊、子囊）。囊内充满无色或微黄色的棘球蚴液，内悬浮有棘球蚴砂。

2．镜下观察标本

(1) 细粒棘球绦虫成虫（染色玻片标本）：从感染狗的肠道中取出，经甲醛溶液固定、卡红染色制作而成。一般用低倍镜观察。虫体较小，大小为（2~7）mm×（0.5~0.6）mm，有头节和链体组成（链体仅包括幼节、成节和孕节各一）。头节梨形，其上有4个吸盘，中央有一顶突，顶突上有2圈小钩。成节结构与带绦虫相似。孕节位于虫体最后，较长，其内子宫向两侧形成不规则囊状膨大，内含大量虫卵。

(2) 原头蚴（染色玻片标本）：自棘球蚴中取出囊液，沉淀后用生理盐水洗净，70%乙醇固定，卡红染色后制作而成。用低倍或高倍镜观察。原头蚴椭圆形，深红色，镜下可见缩入的吸盘（由于重叠，常见2个吸盘）、顶突及小钩。

(3) 棘球蚴囊壁（组织切片标本）：用低倍镜观察。镜下从外向内可见：具有细胞核的多层假囊壁（中间宿主组织）和真囊壁。真囊壁分为2层：外层为角皮层，淡紫色，无细胞核；内层为生发层（又叫胚层），由单层细胞组成，胚层向囊内长出许多原头蚴、育囊和子囊。

细粒棘球绦虫相关图片见图2-4-3。

【作业】

1．画出原头蚴镜下形态结构图。

2．描述棘球蚴的形态特征。

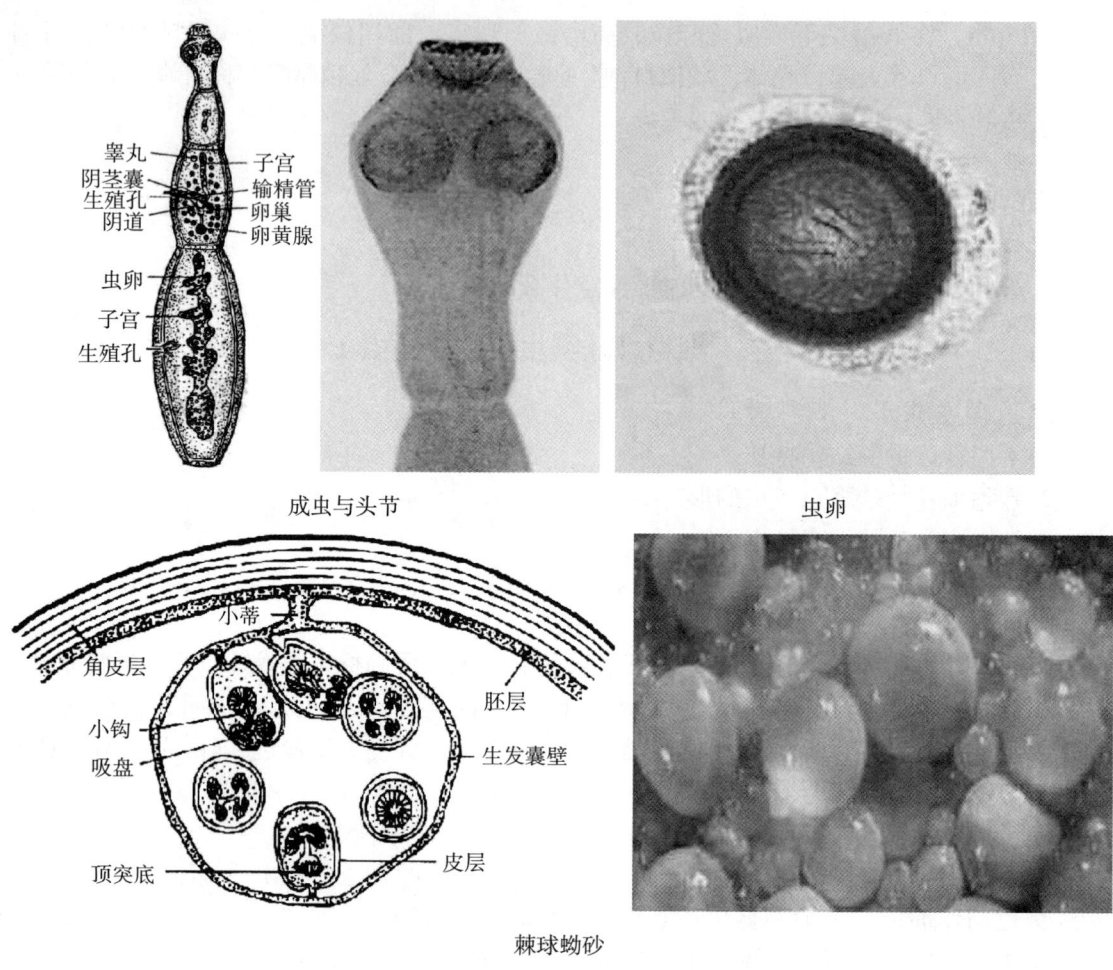

图 2-4-3 细粒棘球绦虫

三、多房棘球绦虫

【目的和要求】
1. 熟悉多房棘球绦虫泡球蚴的形态特征。
2. 了解多房棘球绦虫成虫的形态特征。

【内容与方法】
1. 肉眼观察标本　泡球蚴外部形态浸制标本：泡球蚴由多个小囊泡相互连接而成，与周围组织无纤维膜界限。囊泡呈圆形或椭圆形，直径为 1~7mm，囊壁的角质层常不完整或完全看不见。
2. 镜下观察标本（图 2-4-4）

成虫染色玻片标本：低倍镜观察，虫体形态与细粒棘球绦虫成虫相似，外形较细，长为 1.2~3.7mm，由 4~5 个节片组成，偶见 6 个节片。头节顶突上有 13~34 个小钩；成节生殖孔位于节片侧缘中部偏前，睾丸 26~36 个，多分布于生殖孔水平线的后方；孕节子宫为袋状，无侧囊。

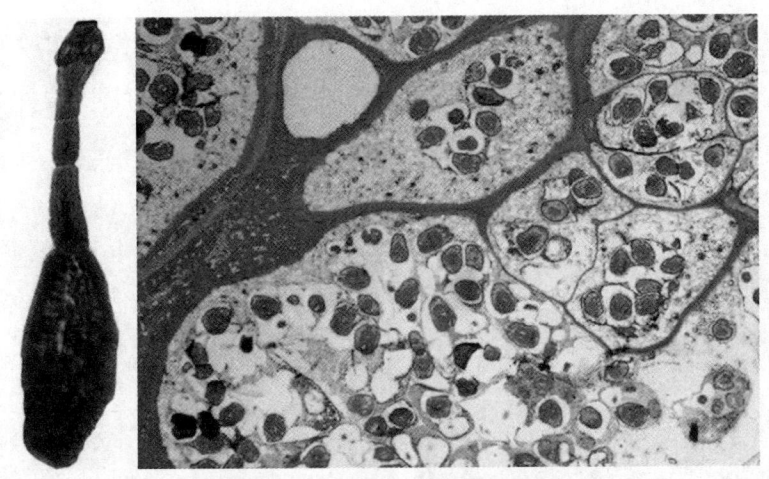

图 2-4-4 多房棘球绦虫的成虫与幼虫

【作业】

比较细粒棘球绦虫棘球蚴与多房棘球绦虫泡球蚴结构的区别。

(李 莉)

实验五 脉管系统寄生虫(丝虫、日本血吸虫)

一、班氏吴策线虫与马来布鲁线虫(丝虫)

【目的和要求】

1. 掌握厚血膜法的操作技术。
2. 熟悉班氏微丝蚴与马来微丝蚴的形态特征。
3. 了解2种丝虫成虫的形态特征及对人体的危害。

【内容与方法】

1. 肉眼观察标本

(1) 成虫外部形态浸制标本。2种丝虫成虫的形态相似,虫体细长线状,乳白色,表面光滑。雌虫较长,尾端钝圆,略向腹面弯曲。雄虫较短,尾端向腹面卷曲可达2~3圈。

(2) 象皮肿照片(图2-5-1)和病理标本。

2. 镜下观察标本

(1) 班氏微丝蚴吉姆萨(或瑞特)染色玻片标本(图2-5-2):班氏微丝蚴经染色后,可观察到详细的形态结构。先用低倍镜在染色片中找到班氏微丝蚴,微丝蚴细长、无色透明,头端钝圆、尾端尖细,呈不同弯曲的虫体。然后将虫体移至视野的中心,换高倍镜观察其内部构造。

班氏微丝蚴弯曲比较自然柔和,前端钝圆,后端尖细,体披有一层鞘膜,鞘膜在虫体前后端最为明显。体内充满蓝色细胞核,称体核。体核大小均匀,排列整齐,间隔清晰。体前端有一无核空隙,为头隙,班氏微丝蚴的头隙较短,长宽之比为1∶1或1∶2。头隙

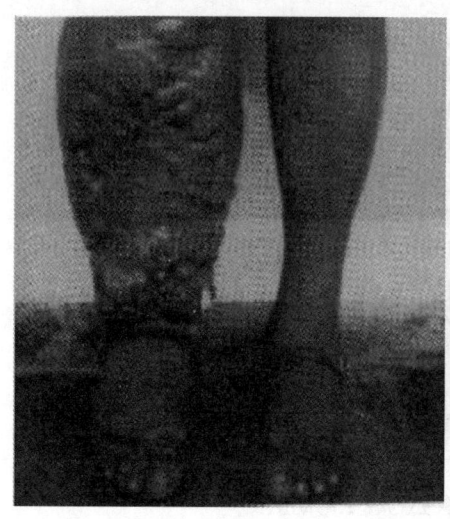
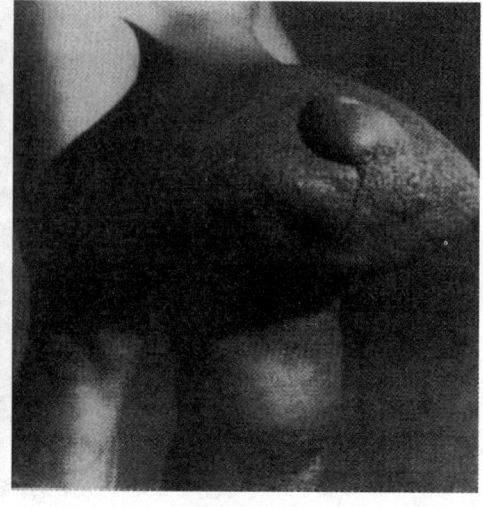

下肢象皮肿　　　　　　　　　　　　阴囊象皮肿

图 2-5-1　象皮肿

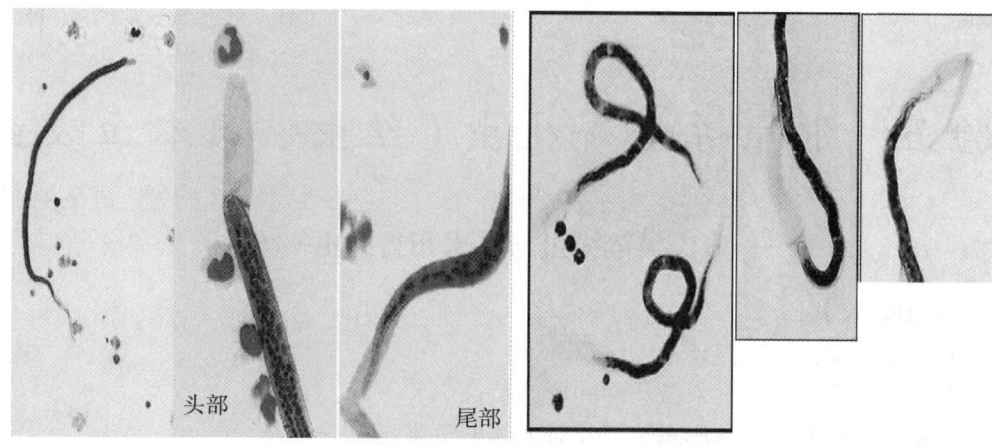

头部　　　　　　　　尾部

图 2-5-2　班氏微丝蚴（左）和马来微丝蚴（右）

下方约为虫体前 1/5 处有一小段无色透明的无核区，为神经环。神经环下方有一不明显排泄孔，排泄孔下方有一较小的排泄细胞，两者相距甚近。在虫体后端 1/5 处有一肛门，小而不明显。排泄孔、排泄细胞、肛门等构造，因染色关系在标本中常见不到。体核分布到后端略前处为止，尾端有一小段无色透明区，无尾核。

(2) 马来微丝蚴染色玻片标本：用同样的方法观察马来微丝蚴。马来微丝蚴较班氏微丝蚴略小，体外也披有鞘膜，可清楚观察到，虫体弯曲不自然，比较僵硬并有小的曲折，体核大小形态不一，排列不整齐，往往重叠在一起，间隔不清楚。头隙较长，长宽之比约为 2∶1。尾部有 2 个膨大区，前后排列，其内各有 1 个尾核。排泄细胞较大，距排泄孔远，肛孔较大。2 种微丝蚴的主要区别要点见表 2-5-1。

表2-5-1 班氏微丝蚴与马来微丝蚴的主要区别要点

	班氏微丝蚴	马来微丝蚴
大　小	较大，(224~296)μm×(5.3~7.0)μm	较小，(177~230)μm×(5~6)μm
体　态	柔和，弯曲较大	僵硬，大弯上有小弯
头间隙	较短，长宽之比约为1:1或1:2	较长，长宽之比约为2:1
体　核	圆形，较小，大小均匀，排列整齐，相互分离，清晰可数	卵圆形，大小不均，排列紧密，相互重叠，不易分辨
尾　核	无	有2个尾核

3. 技术操作　厚血膜法（见第三章第一节）。

【作业】

1. 画出班氏微丝蚴与马来微丝蚴的镜下形态特征。
2. 分析厚血膜法检查微丝蚴阴性结果的原因。采集标本时要注意什么问题？

二、日本裂体吸虫（日本血吸虫）

【目的和要求】

1. 掌握日本血吸虫成熟虫卵的形态特征。
2. 熟悉日本血吸虫成虫的形态特征，了解各期幼虫的形态特征。
3. 熟悉日本血吸虫病的病理变化。
4. 了解日本血吸虫病常用的诊断方法，并熟悉沉淀法和孵化法的技术操作。

【内容与方法】

1. 形态观察

(1) 肉眼观察标本

1) 成虫外部形态浸制标本：雄虫圆柱形，为乳白色，体形粗短，虫体似线形，大小为(12~20)cm×(0.5~0.55)mm；雌虫为灰褐色，前段细长，后段略粗，大小为(20~25)cm×(0.1~0.3)mm。雌虫经常被雄虫合抱，仅腹吸盘之前的虫体部分游离于外。注意，雄虫常用吸盘吸住皿底。

2) 病理标本：①成虫寄生在肠系膜的浸制标本。合抱的雌雄成虫寄生在肠系膜静脉血管内，黑色的为雌虫，有的可伸入到肠壁小静脉血管。②病兔的肝，布满虫卵结节。③肠黏膜活组织压片，直接从患者或病兔直肠内壁取下黏膜组织，以2张玻片压制而成。注意区别成熟活虫卵和死亡变性卵，此为常用临床诊断方法之一。

3) 虫卵沉积于兔肝的浸制标本：兔肝表面凹凸不平，表面有多个因许多虫卵沉积而成的灰白色小颗粒状结节以及条索状的纤维化区。加强理解日本血吸虫虫卵是其主要致病阶段，因其主要沉积和损害部位是肝。

4) 中间宿主钉螺：结合瓶装螺壳标本和饲养缸中活螺示教标本，注意以下特点：属于小型螺，大小为5~10mm，为4~9个螺旋，多为5~7个。我国钉螺有2个类型：①平原、湖沼地带钉螺螺壳上有纵肋，称肋壳钉螺；②丘陵、山区钉螺螺壳光滑无纵肋，称光壳钉螺。

(2) 镜下观察标本（图2-5-3，彩图13）

1) 染色玻片标本：解剖镜下观察其内部结构。有雌虫、雄虫和雌雄合抱3种（图2-5-3）。

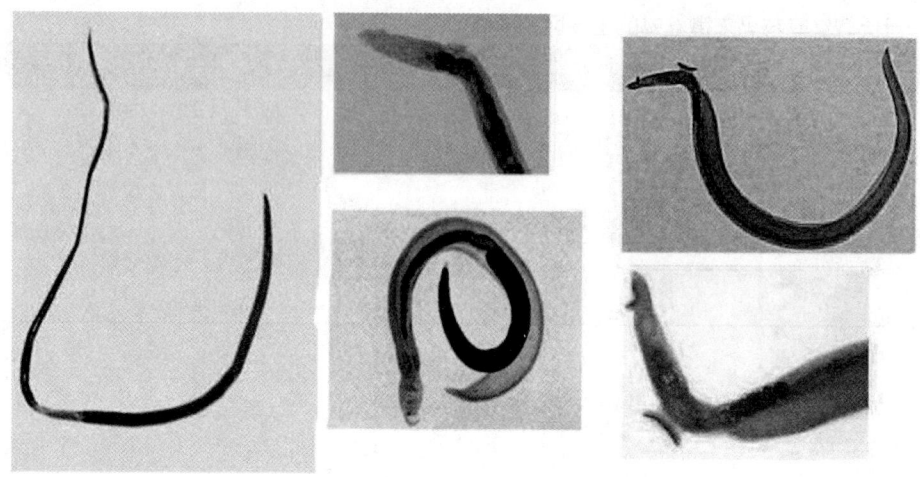

图 2-5-3 血吸虫成虫
左：雌虫；中上：雌虫前端；中下：雌雄合抱；右：雄虫前端和抱雌沟

血吸虫的消化系统有口、食道、肠管。肠管在腹吸盘前背侧分为 2 支，向后延伸到虫体后端 1/3 处汇合成盲管。雄虫体内睾丸为椭圆形，一般为 7 个，单行串珠状排列于腹吸盘后方背侧。雌虫椭圆形的卵巢位于虫体中部，其前方是子宫，内含虫卵。

低倍镜下注意观察下列各点：雌虫和雄虫的吸盘、消化器官、雄虫生殖器官、雌虫生殖器官。

2) 雌雄虫合抱染色标本：进一步观察合抱状态和理解抱雌沟的概念。

3) 日本血吸虫毛蚴（染色玻片标本）：低倍镜下观察。毛蚴呈梨形或椭圆形，左右对称，平均大小 99μm×35μm，周身被有纤毛。体前端有钻器呈嘴状突起，又称顶突。体内有顶腺和侧腺。

4) 日本血吸虫尾蚴（染色玻片标本）：尾蚴属叉尾型，由体部及尾部组成，形似蝌蚪。尾部又分尾干和尾叉。尾蚴大小为（280~360）μm×（60~95）μm。腹吸盘位于体后部 1/3 处，体部前端还有特化的头器。

5) 虫卵玻片标本：取虫卵保存液做涂片，低倍镜或高倍镜观察。成熟卵较大，为椭圆形，淡黄色，壳薄，无卵盖。一端旁侧可见小刺，但因位置或粪渣及坏死组织附着于卵壳，有时不能见到。卵内可见到一鞋底形的成熟毛蚴。若为活卵，可见卵内毛蚴的纤毛颤动。未成熟卵较小，卵内为不同发育阶段的胚胎或呈颗粒样结构。其他结构同成熟卵。肝肠组织内的死卵有的呈黑团块，有的内部结构紊乱，形态模糊，卵色呈灰黄或灰褐色。

2. 技术操作

(1) 水洗沉淀法（见第三章第一节）。

(2) 毛蚴孵化法（见第三章第一节）。

(3) 还卵沉淀试验（见第三章第二节）。

【作业】

1. 绘一典型的日本血吸虫虫卵图。

2. 日本血吸虫对人体致病作用主要是生活史的哪一阶段？为什么？可造成哪些不良后果？

3. 如何诊断血吸虫病？你认为哪些诊断方法较好？

4. 防治日本血吸虫病为什么要采取综合措施？

习　题（实验四和实验五）

(一) 选择题

1. 尾蚴为感染阶段的寄生虫是

A. 血吸虫

B. 姜片吸虫

C. 绦虫

D. 肺吸虫

E. 肝吸虫

2. 人体寄生虫中最小的蠕虫虫卵是

A. 血吸虫卵

B. 姜片吸虫卵

C. 绦虫卵

D. 肺吸虫卵

E. 肝吸虫卵

3. 寄生于人体的吸虫生活史中，幼虫

A. 不繁殖

B. 进行配子生殖

C. 进行接合生殖

D. 进行裂体增殖

E. 进行孢子生殖

4. 以下哪项不属于吸虫的形态结构特征

A. 有口吸盘和腹吸盘

B. 多为雌雄同体

C. 虫体两侧对称

D. 无消化道

E. 无体腔

5. 吸虫生活史的中间宿主必须有

A. 食肉类哺乳动物

B. 食草类哺乳动物

C. 淡水螺

D. 水生植物

E. 淡水鱼、虾

6. 除下列哪项外，均为吸虫的发育阶段

A. 毛蚴

B. 胞蚴
C. 雷蚴
D. 尾蚴
E. 囊尾蚴

（二）名词解释
1. 幼虫移行症
2. 尾蚴性皮炎
3. 世代交替

（三）问答题
1. 描述华支睾吸虫卵的形态结构特点。
2. 叙述日本裂体吸虫的生活史过程。

（李桂霞）

实验六　脉管系统寄生虫

一、疟原虫

【目的与要求】
1. 掌握人体间日疟原虫及恶性疟原虫在周围血液中各期的形态特征。
2. 熟悉血片（薄片）的制作过程及染色方法。
3. 了解疟原虫的传播媒介。

【内容与方法】
1. 形态观察

(1) 肉眼观察标本：媒介按蚊针插标本。采用放大镜观察疟原虫的重要传播媒介，了解其主要形态结构特点。

(2) 镜下观察标本

1) 间日疟原虫薄血膜涂片（油镜观察，彩图14）：取1张经瑞特染液染色的薄血片，首先认清有血膜的一面为观察面，在涂片上滴加镜油后，在油镜下耐心仔细按顺序观察，红细胞被染成淡红褐色，疟原虫的胞质被染成蓝色，核染成紫红色。但并非一个红点或蓝块即为疟原虫，因为可能有染液沉渣及其他异物混淆，区别异物的主要依据是掌握显微镜的细调节器，通过它的上、下移动，若红蓝色块与红细胞在同一平面而具有一定的轮廓结构属疟原虫，反之则为异物。当确定为疟原虫后，进一步辨认它属哪一期。在薄血片中可找到各种白细胞，对其形态应加以回忆，以免混淆。

环状（滋养）体：被寄生的红细胞尚无改变，原虫形如宝石戒指。核染成紫红色呈点状，胞质染成天蓝色呈环状，其大小占红细胞直径的1/4～1/3。

大滋养体：被寄生的红细胞胀大，颜色变浅（褪色），常有许多细小而颜色鲜红的薛氏小点密布在红细胞上。原虫本身变化多端，主要特征是细胞质有伪足伸出，形状不规则，并形成空泡，无着色，紫红色的核显著增大。胞质中出现棕褐色烟丝状，可见黄褐色的疟色素。

裂殖体：胞质开始变为致密，失去空泡及伪足。核开始分裂，然后细胞质分裂，当还未分裂完毕时，此时称为未成熟裂殖体。待两者分裂并形成 12~24 个裂殖子时即为成熟裂殖体，此时疟色素集中在虫体中央或一侧。

配子体：被寄生红细胞显著胀大，疟原虫充满整个红细胞。它们有雌（大）雄（小）配子体之分。雌配子体主要特征为核较小而致密，染成深红色，位于虫体边缘；胞质深蓝色。雄配子体核较大而疏松，染成淡红色，位于虫体中央；胞质为淡紫红色或淡蓝色。

2) 间日疟原虫厚血膜涂片（油镜观察，彩图 15）：因厚血膜涂片在处理过程中红细胞溶解，原虫皱缩、变形，与薄血膜涂片中原虫相比，形态结构不完整，各期虫体均略有缩小。观察时应注意，疟原虫必须具备红色的细胞核和蓝色的细胞质，而且要与白细胞碎片、幼红细胞碎片、血小板、污染的灰尘及细菌等相鉴别。

早期滋养体（环状体）：体积较小，形状多如惊叹号（！）、问号（？）状，飞鸟翼状或间断的环状，有时可见完整环状。核 1 个。

晚期滋养体（大滋养体）：体积较大，形状多不规则，胞质破裂成块状，核 1 个，较大。疟色素颗粒明显。

未成熟裂殖体：体积较大，圆形或椭圆形，核 2 个以上。疟色素趋于集中。

成熟裂殖体：体积较大，圆形或椭圆形，核 12 个以上。疟色素集中成团块状。

配子体：圆形或椭圆形，细胞质断裂成块或溶解消失，有 1 个细胞核，疏松或致密，疟色素分散。

3) 恶性疟原虫薄血片（油镜观察，图 2-6-1）：恶性疟患者周围血液涂片一般仅能见到环状体及配子体。

环状体：占红细胞直径的 1/6~1/5。核小，胞质纤细，常具有下列 3 个特点：①常具有两核（点）；②同一红细胞常可见到 1 个以上原虫寄生；③环状体多贴在红细胞边缘。

配子体：呈半月形或香蕉形，其所寄生的红细胞常因胀破而不见或仅能见到部分，附

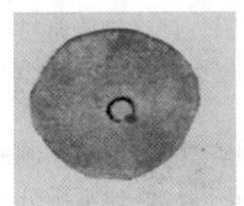
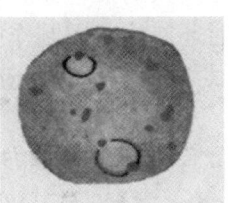
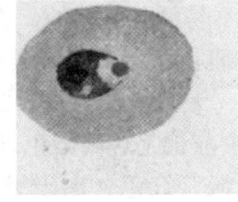
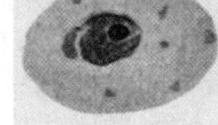

小滋养体　　　　　　　　　　　　　　　　大滋养体

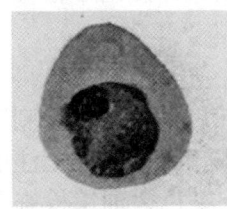
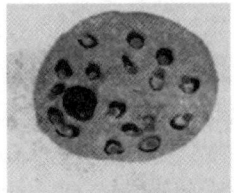
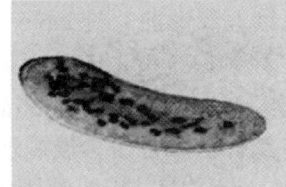
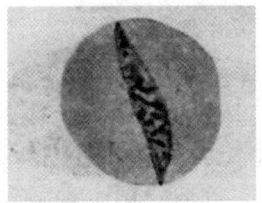

未成熟裂殖体　　　成熟裂殖体　　　雄配子体　　　雌配子体

图 2-6-1　恶性疟原虫薄血膜玻片各期形态

在配子体凹面的一侧。雄配子体两端较钝，呈香蕉形，核大而疏松位于虫体中央；雌配子体两端较尖，呈新月形，核较小而致密，位于虫体中央。疟色素围绕于核的周围。

2. 技术操作　厚、薄血片制作与染色（见第三章第一节）

【作业】
1. 彩笔绘出所观察到的间日疟原虫各期形态。
2. 用彩笔绘出所观察到的恶性疟原虫环状体和配子体。
3. 分析厚、薄血膜涂片法的优缺点。
4. 是什么原因导致疟疾的临床发作、再燃和复发？
5. 疟疾的流行有何特征？如何防制？

二、杜氏利什曼原虫（黑热病原虫）

【目的和要求】
1. 掌握杜氏利什曼原虫无鞭毛体和前鞭毛体的形态特征和寄生部位。
2. 熟悉杜氏利什曼原虫病的病原学诊断方法（髂骨和淋巴穿刺法）。

【内容与方法】
1. 肉眼观察标本　前鞭毛体（活体标本）：可见很多前鞭毛体聚集成菊花状，鞭毛自由摆动。

2. 镜下观察标本

(1) 杜氏利什曼原虫无鞭毛体（染色玻片标本）：黑热病患者骨髓涂片，吉姆萨染色，先在低倍镜下找到清晰的界面，转高倍镜找到被感染的巨噬细胞，将其移至视野中央，转油镜观察。在巨噬细胞内或细胞外有许多分散或成堆集在一起的虫体，选择细胞外的散在虫体仔细观察。

1) 外形：虫体细小，圆形或椭圆形。大小（2.9~5.7）μm×（1.8~4.0）μm，细胞核膜极薄，不易看清。

2) 内部结构：吉姆萨染色标本中，胞质呈天蓝色，胞核1个，团块状，呈红色，动基体呈小杆状。动基体前还有一红色粒状的基体和丝状的根丝体。动基体、基体和根丝体因距离太近，在光镜下不易区分。另外，在观察时还应注意因制作原因，巨噬细胞常被破坏，使无鞭毛体游离于细胞外，其胞质染色有时太浅不易看清，应注意与血小板相鉴别。血小板被染成淡紫红色，无明显结构（图2-6-2）。

(2) 杜氏利什曼原虫前鞭毛体（染色玻片标本）：用三N培养基培养的前鞭毛体制成染色标本。前鞭毛体为淡紫红色，由于鞭毛的关系，常聚一起呈菊花形，排列不十分整齐，相互交织成网。虫体窄而细长，前端稍宽，后部窄细，成熟虫体呈梭形，大小为（14~20）μm×（1.5~1.8）μm，中间为圆形核，前端有动基体，自基体发出1根鞭毛游离于体外，长度与体长接近，弯曲（图2-6-3）。

2. 技术操作（示教）　穿刺检查鞭毛体。

(1) 髂骨穿刺：患者侧卧，暴露髂骨。局部消毒后，用17~20号带针芯的无菌穿刺针从髂前上棘后1cm刺入，至针触及骨面，慢慢地钻入骨内0.5~1cm拔出针芯，接上注射器，抽取骨髓。骨髓涂片，干后用甲醛溶液固定，瑞特染色或吉姆萨染色，油镜检查无鞭毛体。

(2) 棘突穿刺：患者侧卧或跨坐椅上，暴露椎骨棘突。选最明显棘突，局部消毒后由

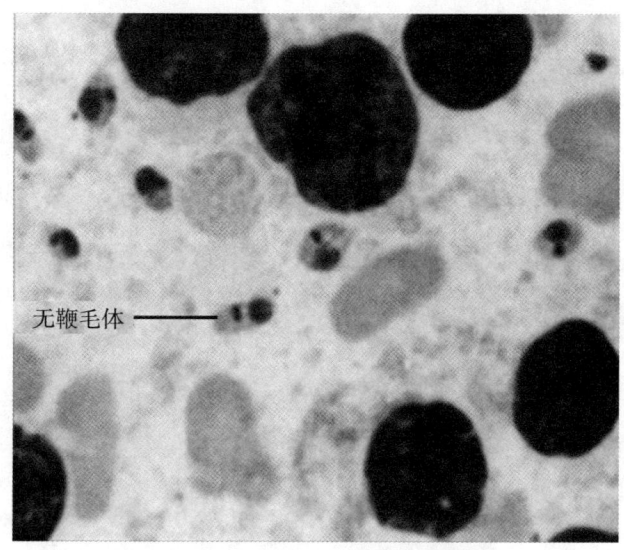

图 2-6-2　杜氏利什曼原虫无鞭毛体

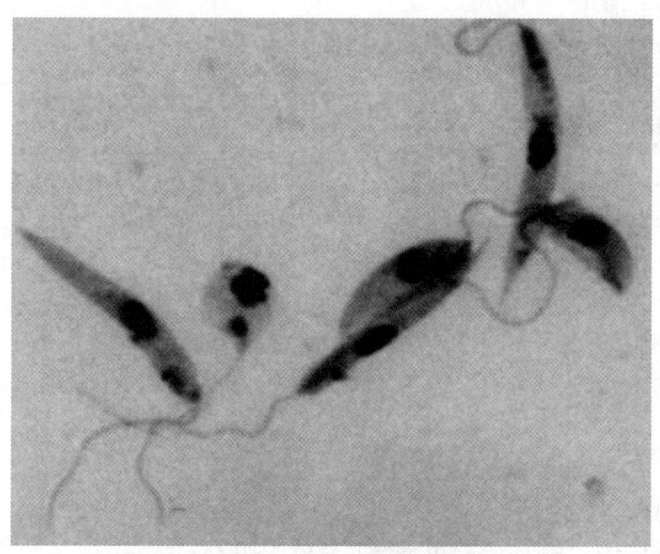

图 2-6-3　杜氏利什曼原虫前鞭毛体

棘突尖垂直刺入骨髓腔，5岁以下者进针0.3~1.0cm，5岁以上进针1.0~1.5cm，拔出针芯，接上注射器，抽取骨髓。涂片染色方法同上。

(3) 淋巴结穿刺：多在腹股沟部位。局部消毒后，左手捏住淋巴结，右手持6号针头刺入。因淋巴结有压力，淋巴结内组织液可自行进入针内。稍待片刻，拔出针芯，接上注射器，将针头内组织液涂片，染色方法同上。

【作业】

1. 用彩笔绘出杜氏利什曼原虫无鞭毛体及前鞭毛体形态图。
2. 如何用病原学方法诊断疑为内脏利什曼病的患者？

习 题

单选题

1. 疟原虫对人体的主要致病阶段是
   A. 红内期
   B. 卵囊
   C. 红外期
   D. 配子体
   E. 子孢子

2. 哪种人疟原虫有新月形配子体
   A. 人恶性疟原虫
   B. 间日疟原虫
   C. 三日疟原虫
   D. 卵形疟原虫
   E. 所有4种人疟原虫

3. 哪种人疟原虫寄生的红细胞中常见薛氏小点
   A. 恶性疟原虫
   B. 间日疟原虫
   C. 三日疟原虫
   D. 恶性疟原虫和卵形疟原虫
   E. 间日疟原虫和三日疟原虫

4. 疟色素的产生来自
   A. 人疟原虫细胞核
   B. 疟原虫细胞质
   C. 红细胞膜
   D. 患者血清
   E. 红细胞中的血红蛋白

5. 在1个红细胞内，哪种疟原虫最常见多个环状体
   A. 人恶性疟原虫
   B. 间日疟原虫
   C. 三日疟原虫
   D. 卵形疟原虫
   E. 三日疟原虫和恶性疟原虫

6. 疟疾在人群之间传播是通过
   A. 雄库蚊
   B. 雌库蚊
   C. 雄按蚊
   D. 雌按蚊
   E. 所有蚊种

7. 人疟原虫生活史是

A. 蚊涎腺—人肝细胞—人红细胞—蚊胃—蚊涎腺

B. 蚊涎腺—蚊胃—人肝细胞—人红细胞—蚊涎腺

C. 人肝细胞—蚊胃—蚊涎腺—人红细胞—蚊涎腺

D. 人红细胞—人肝细胞—蚊涎腺—蚊胃—蚊涎腺

E. 人肝细胞—人红细胞—蚊涎腺—蚊胃—蚊涎腺

8. 疟原虫有性阶段名称为

A. 滋养体

B. 裂殖体

C. 配子体

D. 裂殖子

E. 环状体

9. 疟原虫的感染阶段是

A. 裂殖体

B. 子孢子

C. 动合子

D. 雌、雄配子体

E. 卵囊

10. 间日疟患者外周血涂片可查见

A. 环状体、滋养体、裂殖体、配子体

B. 滋养体、配子体、合子、裂殖子

C. 环状体、裂殖体、雌配子、雄配子

D. 裂殖体、配子体、动合子、子孢子

E. 环状体、滋养体、裂殖子、卵囊

11. 既可引起复发、又可引起再燃的疟原虫有

A. 三日疟原虫、恶性疟原虫

B. 间日疟原虫、恶性疟原虫

C. 卵形疟原虫、三日疟原虫

D. 卵形疟原虫

E. 间日疟原虫和恶性疟原虫

12. 引起脑型疟的疟原虫有

A. 三日疟原虫、恶性疟原虫

B. 间日疟原虫、恶性疟原虫

C. 卵形疟原虫、三日疟原虫

D. 间日疟原虫、卵形疟原虫

E. 卵形疟原虫、恶性疟原虫

13. 下列哪种物质不是疟疾发作的致病因素

A. 裂殖子

B. 红细胞

C. 疟原虫代谢产物

D. 变性血红蛋白

E. 疟色素

14. 间日疟原虫完成一代红细胞内裂体增殖周期所需时间为

A. 48h

B. 36~48h

C. 72h

D. 24~36h

E. 24h

15. 吉姆萨或瑞特染色时，疟原虫中红染部分叫

A. 细胞核

B. 细胞质

C. 疟色素

D. 血红蛋白

E. 红细胞

16. 吉姆萨或瑞特染色时，疟原虫中蓝染部分叫

A. 细胞核

B. 细胞质

C. 疟色素

D. 血红蛋

E. 红细胞

17. 疟形肾病主要发生在

A. 间日疟原虫

B. 三日疟原虫

C. 恶性疟原虫

D. 卵形疟原虫

E. 间日疟原虫和恶性疟原虫

18. 疟原虫在人体的寄生部位为

A. 仅在肝细胞

B. 仅在红细胞

C. 有核细胞

D. 脾细胞

E. 红细胞和肝细胞

19. 疟疾流行

A. 仅有地区性

B. 仅有季节性

C. 无地区性

D. 无季节性

E. 既有地区性，又有季节性

20. 疟疾病原学诊断常用的方法为

A. 浓集法

B. 体外培养法

C. 骨髓穿刺

D. 厚、薄血膜涂片

E. 动物接种法

21. 常用的杀灭红细胞外疟原虫的药物为

A. 奎宁

B. 氯喹

C. 伯氨喹

D. 咯萘啶

E. 乙胺嘧啶

22. 疟原虫的感染方式为

A. 配子体经输血感染

B. 子孢子直接钻皮肤

C. 雌按蚊叮咬时，子孢子随唾液一起注入体内

D. 雌按蚊叮咬时，子孢子主动钻入皮肤

E. 雌按蚊叮咬人时，卵囊进入人体

23. 疟原虫引起贫血的主要原因是

A. 疟原虫直接破坏红细胞、脾功能亢进、免疫溶血和骨髓造血功能受抑制

B. 疟原虫寄生在肝细胞中，影响肝功能

C. 疟原虫侵犯幼稚的红细胞和免疫溶血

D. 疟原虫侵犯成熟的红细胞和脾功能亢进

E. 疟原虫寄生在肝细胞，造成肝细胞凋亡和疟原虫直接破坏红细胞

24. 疟疾的传染源是

A. 感染的禽类

B. 感染的哺乳动物

C. 疟疾患者

D. 带虫者

E. 外周血有配子体的患者和带虫者

25. 疟疾患者可产生

A. 伴随免疫

B. 带虫免疫

C. 终身免疫

D. 先天性免疫

E. 以上都不是

26. 被间日疟原虫(除外环状体)寄生的红细胞的变化为

A. 茂氏小点

B. 仅红细胞胀大

C. 仅有薛氏小点

D. 仅红细胞染色浅

E. 红细胞胀大、色淡，有薛氏小点

27. 疟原虫红细胞内期包括

A. 环状体、滋养体、裂殖体

B. 环状体、滋养体、裂殖体、配子体

C. 环状体、配子体

D. 滋养体、裂殖体、配子体

E. 滋养体、配子体

28. 疟原虫在人体内的发育包括

A. 红细胞外期

B. 红细胞内期

C. 配子体形成

D. 子孢子形成

E. A+B+C

29. 因输血不当，疟原虫被输入健康人体内，其结果为

A. 不会造成疟原虫感染

B. 可能感染疟原虫，仅呈带虫状态

C. 疟原虫在肝细胞中休眠

D. 可能呈带虫状态或疟疾发作

E. 疟原虫进入肝细胞迅速发育

30. 按蚊吸入疟原虫的哪个阶段，才能继续在蚊体内发育

A. 子孢子

B. 环状体

C. 滋养体

D. 裂殖体

E. 雌、雄配子体

31. 引起间日疟复发的原因是由于

A. 疟原虫具抗药性

B. 残留红细胞内的疟原虫重新繁殖

C. 迟发型子孢子，经休眠后发育成熟

D. 配子体形成

E. 成熟裂殖体破裂

32. 在高疟区，婴儿可从母体获得免疫力，这种保护性抗体属于

A. Ig M

B. Ig G

C. Ig E

D. Ig A

E. Ig D

33. 确诊疟疾最常用的检查方法是

A. 肝穿刺找疟原虫

B. 骨髓穿刺涂片找疟原虫

C. 外周血涂片找疟原虫

D. 间接荧光抗体试验

E. 间接血凝试验

34. 疟疾确诊的依据是

A. 间歇性怕冷、发热和出汗退热

B. 脾大、贫血

C. 间接血凝试验阳性

D. 间接荧光抗体试验阳性

E. 血检原虫阳性

35. 疟疾的传染源是

A. 血中有裂殖体的人

B. 血中有配子体的人

C. 肝中有迟发型子孢子的人

D. 肝中有速发型子孢子的人

E. 以上都不是

36. 女性，26岁，3天前开始隔天下午有畏寒、继而高热持续3h后，出汗退热，以往无疟疾史。血片中找到间日疟原虫大滋养体，抗疟治疗宜采用

A. 氯喹

B. 奎宁

C. 青蒿素＋乙胺嘧啶

D. 磺胺多辛＋伯氨喹

E. 氯喹＋伯氨喹

37. 能杀灭各种疟原虫的配子体，有防止传播作用的药物是

A. 氯喹

B. 青蒿素

C. 磺胺多辛

D. 伯氨喹

E. 乙胺嘧啶

38. 疟原虫在人体内发育繁殖，经何种生殖方式

A. 二分裂法

B. 裂体增殖

C. 孢子增殖

D. 配子生殖

E. 接合生殖

39. 抗疟治疗最常用的是下列哪一组

A. 氯喹＋乙胺嘧啶

B. 氯喹＋伯氨喹

C. 奎宁＋乙胺喹啉

D. 氯喹＋奎宁

E. 磺胺多辛＋青蒿素

40. 疟疾的再燃是因为人体免疫力相对下降时

A. 血中红内期疟原虫未被完全消灭
B. 混合感染2种以上的疟原虫
C. 迟发型子孢子经休眠后发育成熟
D. 带虫免疫作用消失
E. 重复感染两批同种疟原虫先后发育成熟

（张佳伦）

实验七　神经系统寄生虫

一、广州管圆线虫

【目的与要求】

熟悉广州管圆线虫成虫的形态特征。

【内容与方法】

镜下观察标本。

成虫染色玻片标本：低倍镜观察，虫体呈线状，体表光滑，有微细环状横纹。头端钝圆，头顶中央有一个圆口，缺口囊。雄虫体长 11~26mm，宽 0.21~0.53mm，尾端略向腹面弯曲，交合伞对称，呈肾形。雌虫体长 17~45mm，宽 0.3~0.66mm，尾端呈斜锥形，阴门开口于肛孔之前，子宫双管型（图 2-7-1 和图 2-7-2）。

【作业】

描述广州管圆线虫成虫的形态特征。

二、致病性自生生活阿米巴

【目的和要求】

了解耐格里属阿米巴和棘阿米巴属阿米巴滋养体和包囊的形态特征。

【内容与方法】

镜下观察标本：吉姆萨或瑞特染色，油镜观察。

1. 耐格里属阿米巴玻片标本

(1) 滋养体：椭圆或狭长形，大小为 7~20μm，一般为 15μm。虫体一端有宽大的伪足，另一端较细小。细胞质呈颗粒状，内含数个空泡、食物泡和收缩泡。核为泡状核，致密的核仁大而居中（图 2-7-3）。

(2) 包囊：球形，直径 5~10μm。囊壁厚而光滑，核 1 个，结构同滋养体（图 2-7-3）。

2. 棘阿米巴属阿米巴玻片标本

(1) 滋养体：为多变的长椭圆形，直径为 15~45μm。体表可见棘状伪足。胞质内含小颗粒及食物泡。核的特点与耐格里属阿米巴相似，但稍大（图 2-7-4）。

(2) 包囊：圆球形，直径 9~27μm，有两层光滑囊壁，外壁常皱缩，内层呈多面体形（图 2-7-4）。

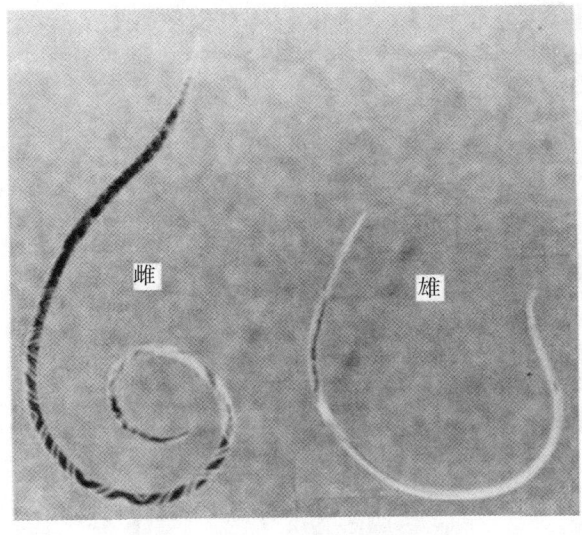

图 2-7-1 广州管圆线虫成虫

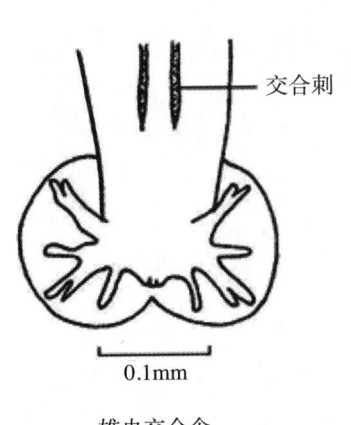

雄虫交合伞

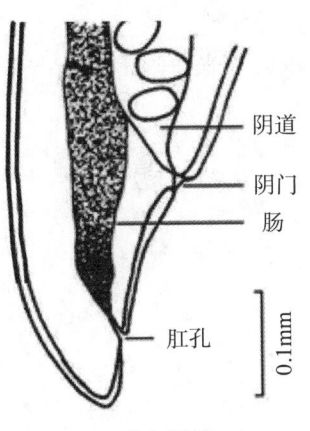

雌虫尾部

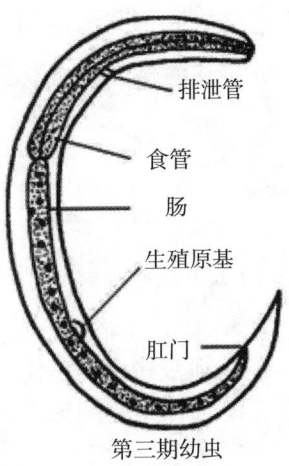

第三期幼虫

图 2-7-2 广州管圆线虫

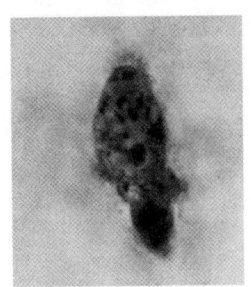

福氏耐格里
阿米巴滋养体

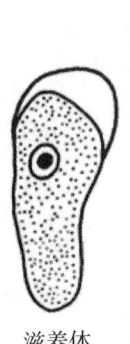

滋养体
（阿米巴型）

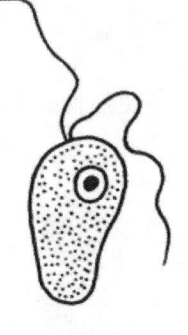

滋养体
（鞭毛型）

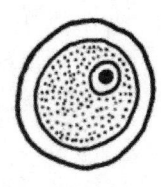

包囊

图 2-7-3 耐格里属阿米巴滋养体及包囊形态

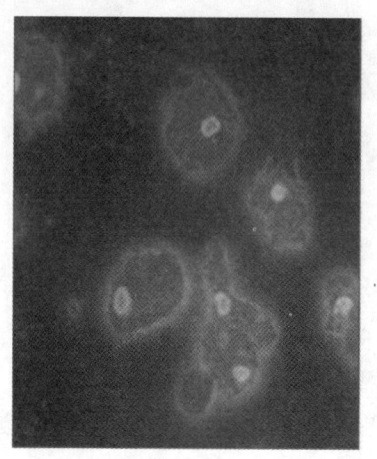 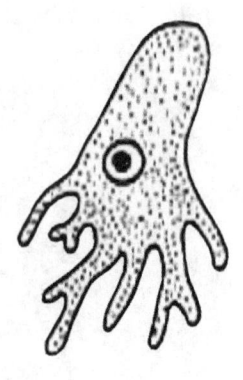 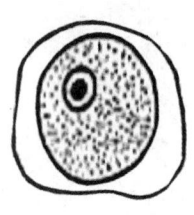

棘阿米巴滋养体　　　　　　　　滋养体　　　　　　　包囊

图 2-7-4　棘阿米巴滋养体及包囊镜下形态

【作业】

描述耐格里属阿米巴及棘阿米巴属阿米巴滋养体与包囊的镜下形态特征。

习　题

（一）A1 型题

1. 广州管圆线虫病的确诊依据是
   A. 血液中查到虫体
   B. 尿液中查到虫体
   C. 免疫学诊断
   D. 粪便中查到虫体
   E. 脑脊液中查到虫体

2. 广州管圆线虫可致人体
   A. 脑脓肿
   B. 肠梗阻
   C. 嗜酸性粒细胞增多性脑膜脑炎
   D. 肺脓肿
   E. 贫血

3. 广州管圆线虫的中间宿主是
   A. 螺
   B. 淡水鱼
   C. 马
   D. 牛
   E. 猪

4.预防广州管圆线虫感染最简单有效的措施是

A.灭鼠

B.消灭中间宿主

C.不食用生的淡水螺类

D.治疗患者

E.不食用生的淡水鱼虾

5.广州管圆线虫成虫寄生的主要宿主为

A.猫

B.狗

C.鼠

D.人

E.虎

6.致病性自由生活阿米巴繁殖方式是

A.二分裂繁殖

B.配子增殖

C.裂体增殖

D.接合增殖

E.芽生方式繁殖

7.棘阿米巴属阿米巴引起肉芽肿性阿米巴脑炎,从病变部位可查到

A.滋养体

B.包囊

C.滋养体和包囊

D.虫卵

E.丝状蚴

8.引起内脏幼虫移行症的常见寄生虫是

A.广州管圆线虫

B.粪类圆线虫

C.眼线虫

D.丝虫

E.巴西钩口线虫

(二)A3型题

1.患者,男,20岁,佩戴隐形眼镜,经常用自来水配制的盐水冲洗,近期出现视物模糊,有异物感,畏光流泪,角膜红肿。

(1)该患者可能感染的寄生虫是

A.棘阿米巴属阿米巴

B.耐格里属阿米巴

C.广州管圆线虫

D.眼线虫

E.美丽筒线虫

(2)检查眼分泌物诊断该病的最佳方法是

A. 直接涂片镜检

B. 离心沉淀后镜检

C. 培养后镜检

D. 饱和盐水浮聚后镜检

E. 重力沉淀后镜检

2. 患者，男，7岁，到温泉游泳3天后，出现上呼吸道症状，伴高热、呕吐，继而出现脑水肿征象，迅速瘫痪、谵妄、昏迷，入院第3天死亡。

(1) 该患者可能感染的寄生虫是

A. 疟原虫

B. 耐格里属阿米巴

C. 广州管圆线虫

D. 溶组织内阿米巴

E. 细粒棘球绦虫

(2) 最容易检获该病原体的标本是

A. 脑脊液

B. 血液

C. 淋巴液

D. 尿液

E. 痰液

（三）B型题

A. 第三期幼虫

B. 滋养体和包囊

C. 微丝蚴

D. 囊尾蚴

E. 原头蚴

1. 广州管圆线虫的感染阶段是

2. 耐格里属阿米巴的感染阶段是

3. 棘阿米巴属阿米巴的感染阶段是

（四）X型题

1. 关于广州管圆线虫描述正确的是

A. 生活史包括成虫、虫卵、幼虫3个发育阶段

B. 第三期幼虫为感染阶段

C. 终宿主是鼠

D. 中间宿主是螺类

E. 人因生食或半生食中间宿主而感染

2. 关于耐格里属阿米巴描述正确的是

A. 多滋生在淡水中

B. 二分裂繁殖

C. 水中的滋养体或包囊可侵入鼻腔黏膜感染人体

D. 所致疾病发病急、病死率高

E. 引起原发性脑膜脑炎

（闫德华）

实验八　皮肤与组织寄生虫

一、旋毛形线虫（旋毛虫）

【实验目的】
1. 掌握旋毛虫囊包的形态特征。
2. 熟悉肌肉活组织检查法的操作技术。
3. 了解旋毛虫成虫的形态特征。

【实验方法】
1. 形态观察　低倍镜下观察标本。
(1) 成虫染色玻片标本：虫体细小、线状，咽管占体长的 1/3～1/2，由长行单细胞组成。雌虫（3.0～4.0）mm×0.06mm，尾端钝圆；雄虫（1.4～1.6）mm×0.04mm，尾端有 1 对叶状交配附器。
(2) 幼虫囊包染色玻片标本：囊包大小为（0.25～0.5）mm×（0.21～0.42）mm，呈梭形，纵轴与肌纤维平行，一般内含 1～2 条卷曲的幼虫。

旋毛虫的相关图片见图 2-8-1 至图 2-8-6。

2. 技术操作　肌肉活组织检查法（见第三章第一节）。

【作业】
1. 画出旋毛虫囊包的镜下形态结构图。
2. 一患者因肌肉疼痛就医，依病史疑其为旋毛虫病，行肌肉活组织压片并未找到旋毛虫囊包。此情况是否可以完全排除旋毛虫感染的可能？原因是什么，如何进一步确诊？

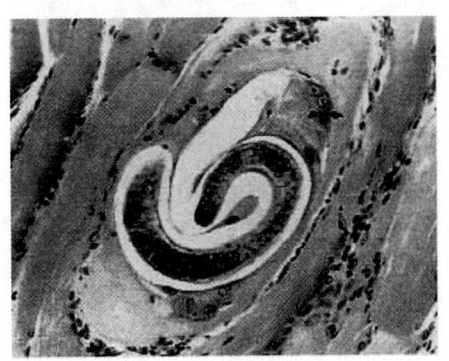

图 2-8-1　旋毛虫幼虫囊包

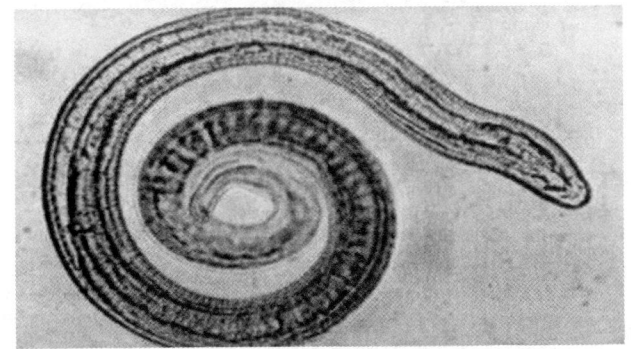

图 2-8-2　旋毛虫成虫

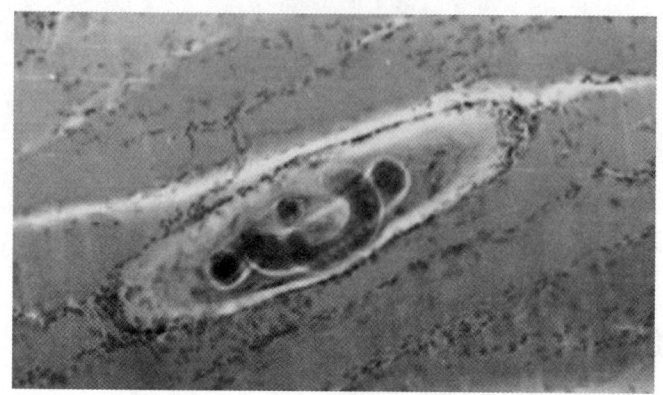

图 2-8-3 旋毛虫幼虫囊包

图 2-8-4 旋毛虫幼虫囊包

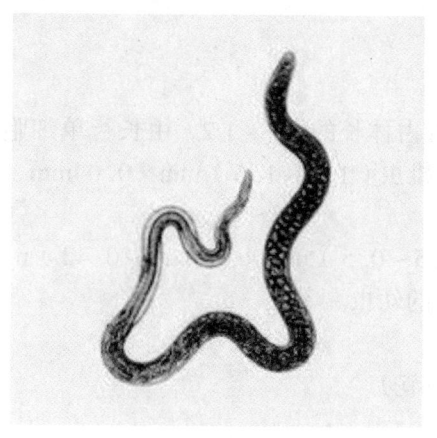

图 2-8-5 旋毛虫成虫

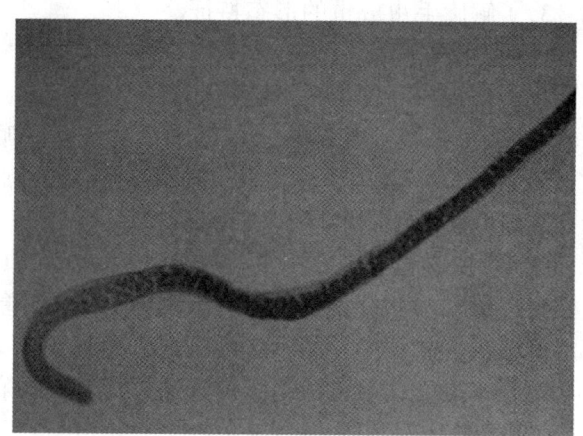

图 2-8-6 旋毛虫成虫

二、刚地弓形虫

【实验目的】

1. 掌握弓形虫滋养体的形态特征。
2. 熟悉弓形虫假包囊、包囊的形态特征。
3. 了解弓形虫卵囊的形态特征及检查方法。

【实验方法】

1. 形态观察 吉姆萨染色，油镜下观察标本。

(1) 滋养体玻片标本：滋养体呈梭形或纺锤形，大小平均为（2~4）μm×（4~7）μm，胞质呈蓝色，胞核呈紫红色，位于中央。

(2) 假包囊玻片标本：假包囊为含有多个速殖子的宿主细胞，无囊壁。

(3) 包囊玻片标本：包囊呈圆形或椭圆形，直径 30~60μm，囊壁有弹性，内含有数个至数千个与滋养体形态相似的缓殖子。

弓形虫的相关图片见图 2-8-7 至图 2-8-10。

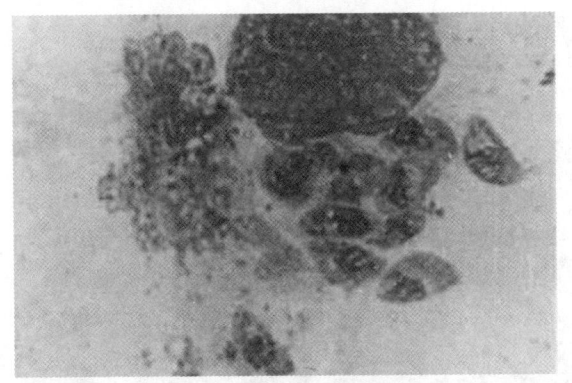
图 2-8-7 刚地弓形虫速殖子

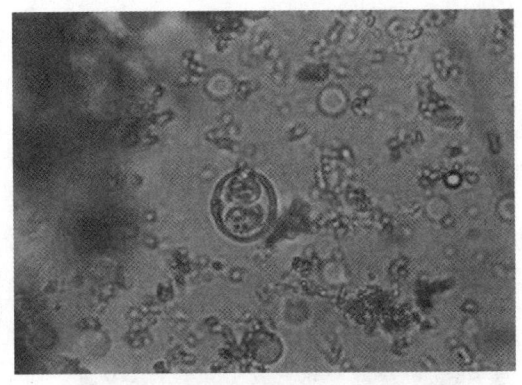
图 2-8-8 刚地弓形虫成熟、未成熟卵囊

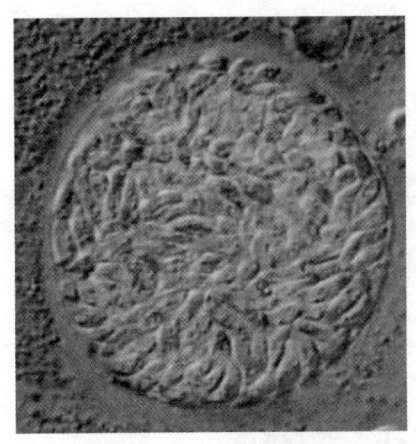
图 2-8-9 弓形虫包囊

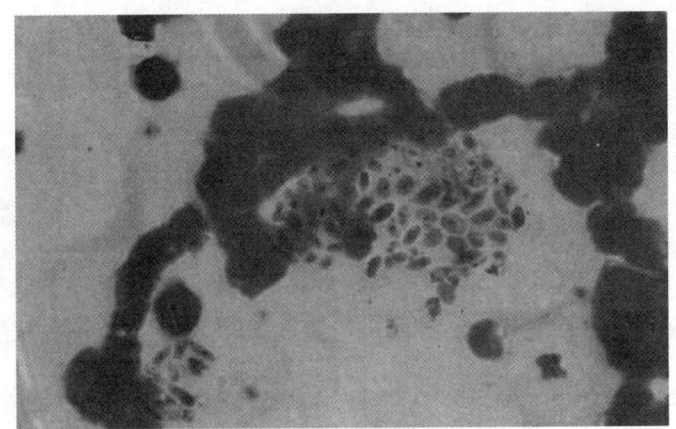
图 2-8-10 刚地弓形虫滋养体

2. 技术操作　卵囊的检查：取猫粪便做生理盐水直接涂片，高倍镜下观察。卵囊呈圆形或椭圆形，大小为 10～12μm，有两层光滑透明的囊壁。囊内含有 2 个孢子囊，每个孢子囊内各含有 4 个新月形子孢子。

【作业】

画出弓形虫滋养体的镜下形态结构图。

三、疥螨、蠕形螨、蝇蛆、虱

【实验目的】

1. 掌握疥螨与蠕形螨成虫的形态特征。
2. 熟悉检查疥螨与蠕形螨的技术操作。
3. 了解蝇蛆后气门以及虱成虫的形态特征。

【实验方法】

1. 形态观察　镜下观察标本。

(1) 疥螨成虫玻片标本（图 2-8-11 至图 2-8-13）：低倍镜下，成虫乳白色或淡黄色，呈

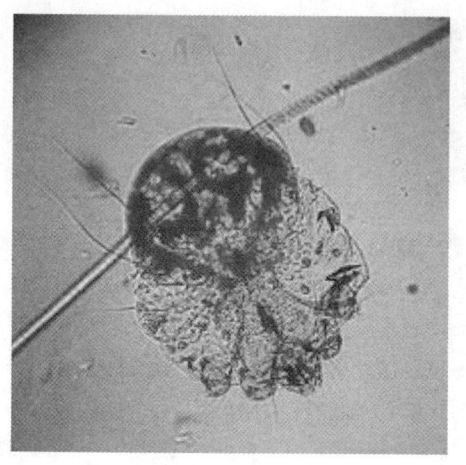 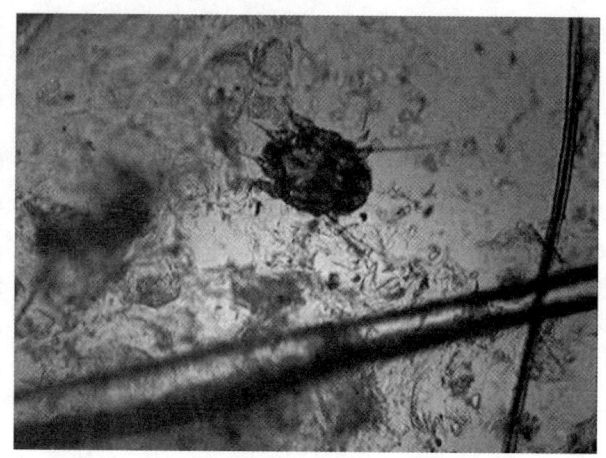

图 2-8-11　疥螨成虫　　　　　　　　　　　图 2-8-12　疥螨成虫

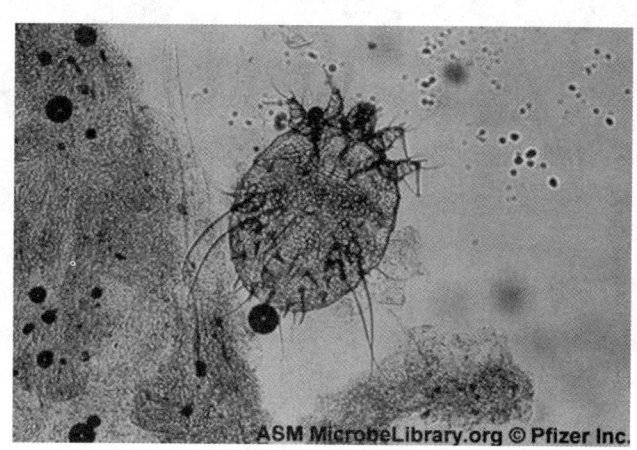

图 2-8-13　疥螨成虫

圆形或椭圆形。雌螨大小为（0.3~0.5）mm×（0.25~0.4）mm，雄螨大小（0.2~0.3）mm×（0.15~0.2）mm。虫体颚体短小，位于体前端。躯体背面隆起，上有波状横纹、成列的鳞片状皮棘和杆状刚毛。躯体腹面有4对足，粗而短，似圆锥形。

（2）蠕形螨成虫玻片标本（图2-8-14至图2-8-17）：低倍镜下，虫体蠕虫状，大小为0.1~0.4mm，乳白色，半透明。颚体呈梯形。躯体腹面有4对足，粗短，套筒状。末体细长，体表有环形横纹。毛囊蠕形螨和皮脂腺蠕形螨在形态上有一定的差异，其鉴别见表2-8-1。

表2-8-1　毛囊蠕形螨和皮脂腺蠕形螨的鉴别

鉴别点	毛囊蠕形螨	皮脂腺蠕形螨
外形	细长	粗短
末体的长度	狭长，占躯体的2/3~3/4	粗短，占躯体的1/2
末体的末端	钝圆	锥形

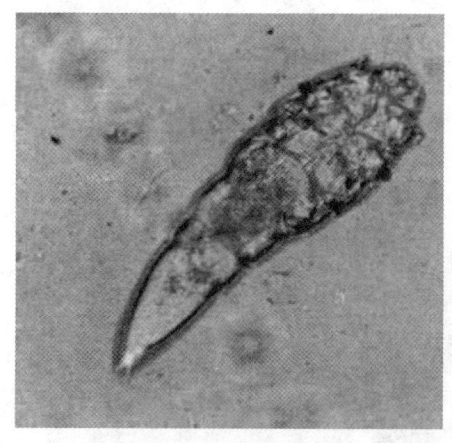
图 2-8-14　蠕形螨成虫

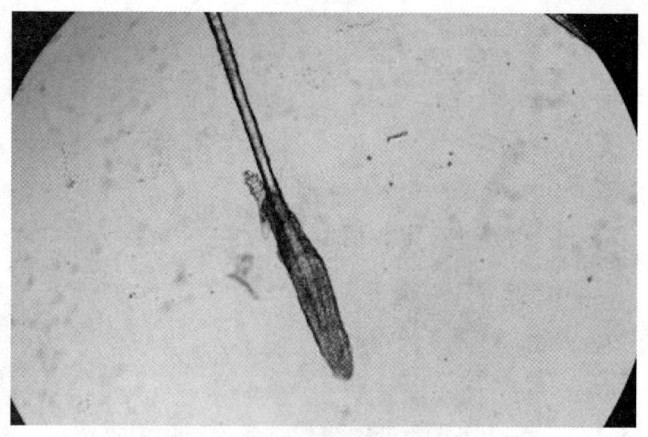
图 2-8-15　蠕形螨成虫

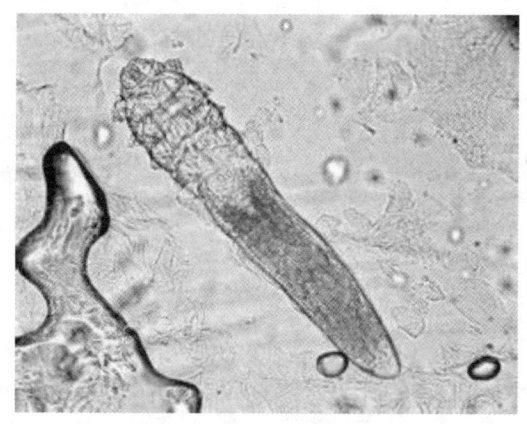
图 2-8-16　蠕形螨成虫

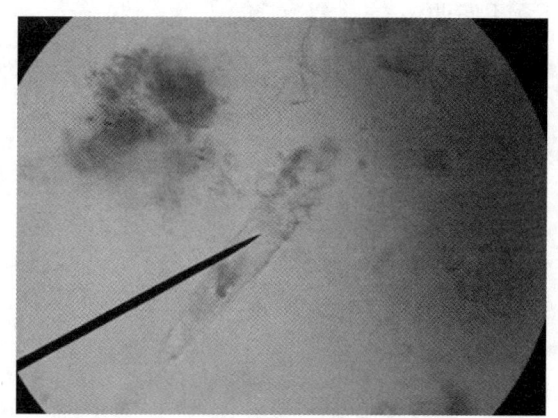
图 2-8-17　蠕形螨成虫

(3) 蝇蛆玻片标本：解剖镜下，蝇蛆圆柱状，前尖后钝，无足无眼，乳白色。虫体长 8～10mm，由头 1 节、胸 3 节、腹 8 节组成。

(4) 蝇蛆后气门玻片标本：低倍镜下，后气门由气门环、气门裂和钮孔构成。蝇种不同，后气门的形态特点不同，对鉴别种类有重要意义。

(5) 虱成虫玻片标本（图 2-8-18 和图 2-8-19）：低倍镜下，虫体呈灰白色，有足 3 对，无翅。人虱体狭长，背腹扁平，长 3～4mm。雄虱末端钝圆，近似 V 形，有交合刺伸出，雌虱体末呈 W 形。耻阴虱体短而宽，呈蟹状，长 0.8～2.0mm，第 5～8 腹节侧缘有疣状突起。

2. 技术操作

(1) 挤压涂片法检查蠕形螨（见第三章第一节）。

(2) 透明胶纸法检查蠕形螨（见第三章第一节）。

图 2-8-18　虱成虫

图 2-8-19　虱成虫

【作业】
寄生于人体皮肤的医学节肢动物主要有哪些？如何进行检查？

习　题

（一）A1 型题

1. 旋毛虫的主要保虫宿主是
   A. 人
   B. 犬
   C. 猪
   D. 牛
   E. 猫

2. 寄生虫与宿主的关系，下列哪项是错误的
   A. 人是刚地弓形虫的终宿主
   B. 中华按蚊是马来丝虫的中间宿主
   C. 野猪是斯氏狸殖吸虫的转续宿主
   D. 猫是华支睾吸虫的保虫宿主
   E. 人是曼氏迭宫绦虫的第一中间宿主

3. 下列哪种寄生虫，人可作为其中间宿主和终宿主，但不能在人体完成生活史
   A. 肺吸虫
   B. 间日疟原虫
   C. 肝吸虫
   D. 旋毛形线虫
   E. 日本血吸虫

4. 弓形虫的终宿主是

A. 野生动物

B. 啮齿类动物

C. 猫科动物

D. 犬科动物

E. 人

5. 妊娠期感染后容易导致胎儿畸形的寄生虫是

A. 弓形虫

B. 肝吸虫

C. 间日疟原虫

D. 旋毛形线虫

E. 日本血吸虫

6. 蠕形螨感染最常见的部位是

A. 胸部

B. 颜面部

C. 腹部

D. 颈部

E. 四肢

7. 下面哪种节肢动物主要是通过接触传播

A. 硬蜱

B. 恙螨

C. 革螨

D. 疥螨

E. 尘螨

8. 寄生在组织内引起致病的节肢动物是

A. 硬蜱

B. 软蜱

C. 尘螨

D. 疥螨

E. 革螨

(二) A3 型题

1. 胡某，男性，16 岁，因进食凉拌生猪肉，5 天后发生腹痛、腹泻，以肠炎治疗无效，症状逐渐加重，10 天后出现全身肌肉酸痛，疑感染旋毛虫所致。

(1) 请考虑应先采取下列哪项措施为宜

A. 粪便找虫卵

B. 粪便找幼虫

C. 粪便找成虫

D. 腓肠肌压片镜检

E. 将吃剩的猪肉压片镜检

（2）旋毛虫的幼虫主要寄生于宿主的

A. 小肠

B. 结肠

C. 血液

D. 淋巴管

E. 横纹肌

（3）旋毛虫病出现的发热、水肿、血中嗜酸性粒细胞增多，与下列哪种变态反应有关

A. Ⅰ型变态反应

B. Ⅱ型变态反应

C. Ⅲ型变态反应

D. Ⅳ型变态反应

E. Ⅰ型和Ⅳ型变态反应

（4）人体感染旋毛虫是因为进食了

A. 含有活的成虫的猪肉

B. 含有活的幼虫的猪肉

C. 含有感染期卵的猪肉

D. 含有活的囊尾蚴的猪肉

E. 含有活的裂头蚴的猪肉

2. 一患者，女，27岁，长期养猫为宠物，无其他不良嗜好。剖宫产下一重2.7kg的男婴，见尾骶部开放性脊柱裂，家属放弃治疗，于生后第8天死亡。尸解在开放性脊柱裂处及脑、肺等组织切片中见到新月形、一端钝圆、一端尖细、大小为2~4μm的虫体。

（1）患儿很可能感染的寄生虫是

A. 弓形虫

B. 隐孢子虫

C. 钩虫

D. 疟原虫

E. 黑热病原成虫

（2）该寄生虫在人体的寄生部位是

A. 成熟红细胞

B. 白细胞

C. 组织细胞

D. 有核细胞

E. 肠黏膜上皮细胞

（3）该寄生虫的终宿主是

A. 狗

B. 猫

C. 猪

D. 鼠

E. 羊

（4）哪项不属于该寄生虫病原学检查

A. 直接涂片检查

B. 组织切片染色

C. 离体单层有核细胞接种

D. 动物接种

E. 改良抗酸染色

（三）B 型题

1. A. 蠕形螨

 B. 疥螨

 C. 旋毛虫囊包

 D. 溶组织内阿米巴滋养体

 E. 蝇蛆

（1）透明胶纸法用于检查

（2）刮片法用于检查

（3）活组织压片法用于检查

（4）溃疡组织刮取物做生理盐水直接涂片用于检查

2. A. 作为病原体可继发引起坏疽和破伤风

 B. 寄生于人体皮肤表皮层内

 C. 属于体外寄生虫

 D. 寄生于毛囊和皮脂腺

 E. 偶可寄生于人体多个脏器和组织

（1）蠕形螨

（2）潜蚤

（3）人疥螨

（4）蝇蛆

（四）X 型题

1. 常伴发于免疫低下或免疫缺陷患者的寄生虫感染有

A. 粪类圆线虫

B. 弓形虫

C. 疟原虫

D. 包虫

E. 肺孢子虫

2. 属于土源性蠕虫的寄生虫有

A. 旋毛虫

B. 华支睾吸虫

C. 钩虫

D. 鞭虫

E. 蛔虫

3. 弓形虫在中间宿主内的形态有

A. 假包囊

B. 卵囊

C. 包囊

D. 缓殖子

E. 速殖子

4. 人生吃或半生吃动物肉可能感染的寄生虫有

A. 弓形虫

B. 日本血吸虫

C. 旋毛虫

D. 包虫

E. 华支睾吸虫

5. 经间接或直接接触可能感染的寄生虫有

A. 钩虫

B. 阴道毛滴虫

C. 疥螨

D. 蓝氏贾第鞭毛虫

E. 耻阴虱

6. 寄生于皮肤及组织内的人畜共患寄生虫有

A. 蠕形螨

B. 潜蚤

C. 旋毛虫

D. 疥螨

E. 弓形虫

7. 弓形虫感染人体的途径主要有

A. 经口感染

B. 经破损的皮肤黏膜感染

C. 经呼吸道感染

D. 经媒介昆虫感染

E. 经胎盘感染

8. 蝇蛆可寄生于人体的部位有

A. 肠道

B. 口腔、耳、鼻咽

C. 眼

D. 泌尿生殖道

E. 皮肤

9. 常引起患者外周血嗜酸性粒细胞增高的寄生虫病有

A. 疟疾

B. 蛔虫病

C. 旋毛虫病

D. 弓形虫病

E. 肺吸虫病

（张佳伦）

实验九　呼吸系统寄生虫

一、卫氏并殖吸虫（肺吸虫）

【实验目的】

1. 掌握肺吸虫成虫、虫卵的形态特征。
2. 掌握消化沉淀法的操作技术。
3. 熟悉肺吸虫成虫对人体的病理损伤。
3. 了解肺吸虫的中间宿主。

【实验方法】

1. 形态观察

(1) 肉眼观察标本

1) 成虫外部形态浸制标本：虫体肥厚呈椭圆形，背面略隆起，腹部扁平，似半粒花生，经甲醛固定后呈暗灰色。

2) 幼虫寄生的肺部病理组织浸制标本：肺表面可因肺吸虫寄生出现结节状隆起，切开后的标本可见裸露的虫体。

3) 中间宿主浸制标本：第一中间宿主为川卷螺，呈黑色或黑黄色，壳厚。第二中间宿主为淡水蟹或蝲蛄，在局部组织中可见到白色小点，即为寄生的囊蚴。

(2) 镜下观察标本

1) 成虫染色玻片标本：低倍镜下，成虫口吸盘与腹吸盘大小相近。肠管分为左右2支，呈弯曲状沿虫体两侧向后延伸至虫体后端，末端为盲端。卵巢分5~6叶，呈指状，与弯曲的子宫左右并列于腹吸盘之后的两侧。2个指状分支的睾丸左右并列于虫体后1/3处。卵黄腺滤泡状，密布于虫体两侧。虫体中央清晰可见排泄囊，排泄孔开口于虫体末端。

2) 虫卵玻片标本：高倍镜下，虫卵呈不规则椭圆形，金黄色，大小为（80~118）$\mu m \times$（48~60）μm。卵前端较宽，有一扁平而明显的卵盖，有时稍倾斜，后端较窄。卵壳厚薄不均，后端明显增厚。卵内含有1个卵细胞和10余个卵黄细胞。

肺吸虫的相关图片见图2-9-1至图2-9-6。

2. 技术操作

(1) 痰液直接涂片法（见第三章第一节）。

(2) 痰液消化沉淀法（见第三章第一节）。

【作业】

1. 画出肺吸虫卵的镜下形态结构图。
2. 肺吸虫成虫生殖器官的位置排列有何特点？
3. 怎样鉴别肺吸虫卵与姜片虫卵？

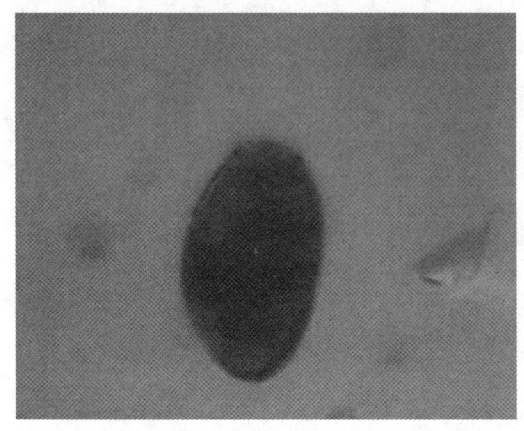

图 2-9-1 肺吸虫虫卵

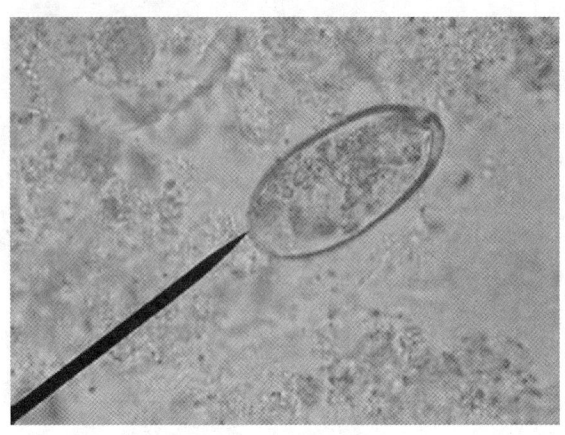

图 2-9-2 肺吸虫虫卵

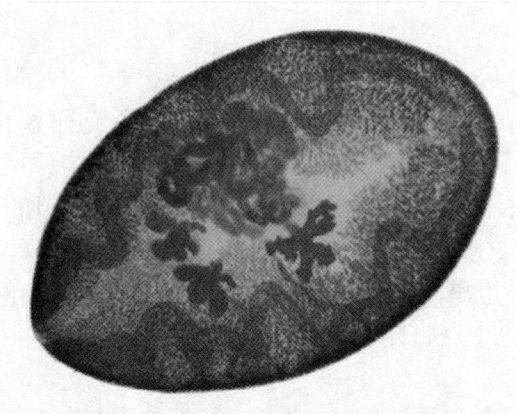

图 2-9-3 肺吸虫虫卵

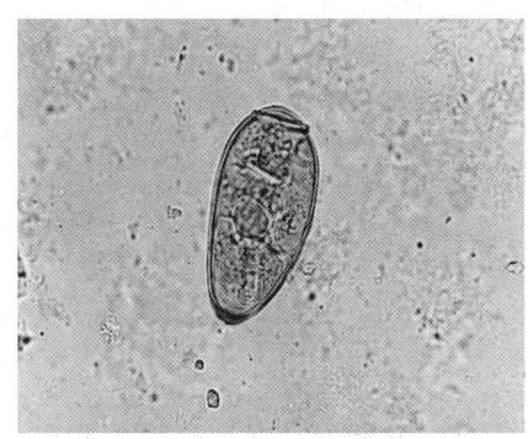

图 2-9-4 肺吸虫虫卵

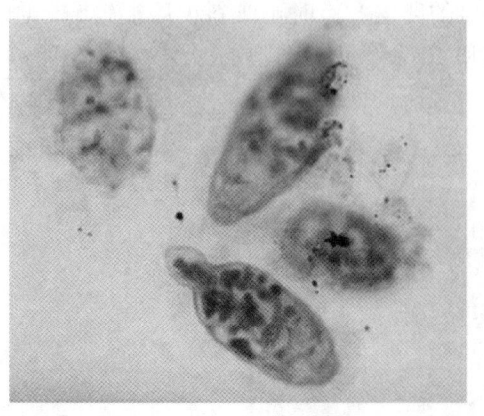

图 2-9-5 肺吸虫毛蚴

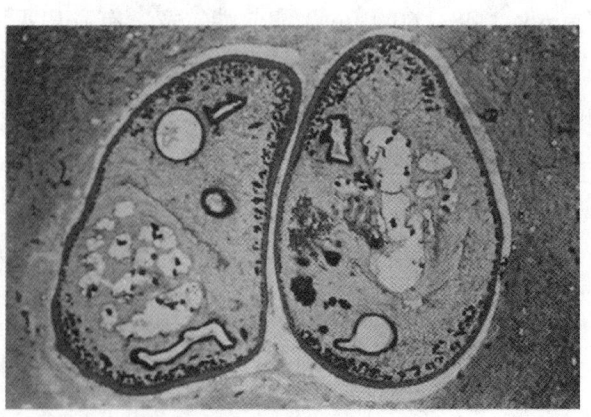

图 2-9-6 肺组织中的肺吸虫

二、粉 螨

【实验目的】

熟悉粉螨成虫的形态特征。

【实验方法】

镜下观察标本。

成虫玻片标本：低倍镜下，虫体呈长椭圆形，0.12～0.5mm。体表有很多长毛但不密，角皮薄，半透明。颚体小。躯体背面有横沟，横沟前方有一盾板。

粉螨的相关图片见图 2-9-7 和图 2-9-8。

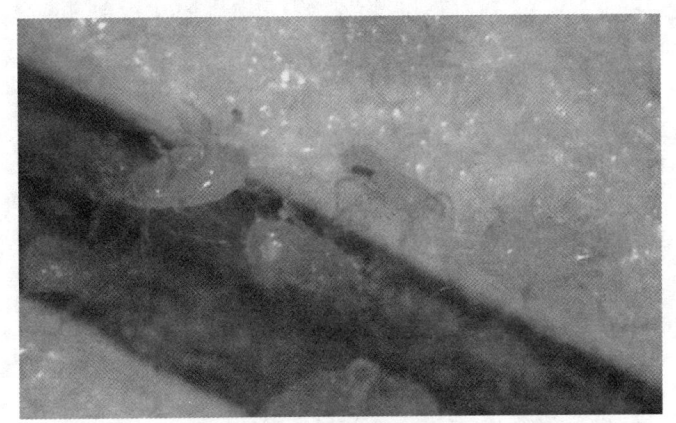

图 2-9-7 粉螨成虫

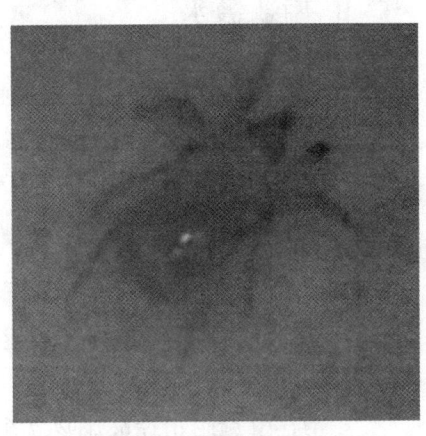

图 2-9-8 粉螨成虫

【作业】

描述粉螨成虫主要的形态结构特征。

习 题

（一）A1 型题

1. 人体感染肺吸虫有可能是因为

A. 喝溪水，吃溪蟹、淡水鱼

B. 吃淡水虾、荸荠，喝生水

C. 喝溪水，吃海蟹、川卷螺

D. 吃溪蟹和蝲蛄，喝溪水

E. 喝生水，吃川卷螺、淡水鱼

2. 肺吸虫病的病原治疗药物是

A. 甲苯咪唑

B. 左旋咪唑

C. 噻嘧啶

D. 乙胺嗪

E. 吡喹酮

3. 人体感染肺吸虫是通过

A. 吃了污染有肺吸虫卵的食物

B. 肺吸虫尾蚴经皮肤感染

C. 生吃或半生吃含有肺吸虫蚴的淡水螺

D. 生吃或半生吃含有肺吸虫囊蚴的溪蟹或蝲蛄

E. 生吃或半生吃淡水鱼、虾

4. 预防肺吸虫病的主要措施是

A. 治疗患者

B. 不接触疫水

C. 不吃生的或半生的淡水螺

D. 不吃生的或半生的淡水鱼虾

E. 不吃生的或半生的溪蟹蝲蛄

5. 肺吸虫病的主要传染源与保虫宿主是

A. 食肉动物

B. 淡水蟹、虾

C. 淡水鱼、虾

D. 淡水螺

E. 昆虫

6. 卫氏并殖吸虫病的确诊依据是

A. 有生吃溪蟹史

B. 长期咳嗽、咯血

C. 有游走性皮下小结

D. 肺吸虫皮试阳性

E. 以上都不是

7. 肺型卫氏并殖吸虫病最好的病原诊断方法是

A. 粪便水洗沉淀法

B. 粪便毛蚴孵化法

C. 粪便饱和盐水浮聚法

D. 痰液直接涂片法

E. 24h 痰液氢氧化钠消化沉淀法

8. 卫氏并殖吸虫的感染阶段是

A. 感染性虫卵

B. 丝状蚴

C. 囊蚴

D. 尾蚴

E. 毛蚴

9. 下列组合哪一项是不正确的

A. 血吸虫 - 可引起侏儒症

B. 卫氏并殖吸虫 - 可引起咯血痰

C. 华支睾吸虫 - 可引起黄疸

D. 姜片吸虫 - 可引起腹泻

E. 斯氏狸殖吸虫 - 可引起肝硬化

(二) A3 型题

患者，男，15 岁，咳嗽、胸痛、低热 1 年余，痰中曾有暗红色块。按结核治疗未见效。检查：白细胞计数 13×10^9/L (13000/mm^3)，中性粒细胞 0.55 (55%)，淋巴细胞 0.20 (20%)，嗜酸性粒细胞 0.25 (25%)。胸部 X 线片示右肺上部有囊样阴影。

1. 患者最可能患有的寄生虫病是

A. 旋毛虫病

B. 日本血吸虫病

C. 肺吸虫病

D. 华支睾吸虫病

E. 钩虫病

2. 此病例需要做的病原学检查主要是

A. 取痰液找虫卵

B. 取痰液找童虫

C. 取粪便找成虫

D. 取尿液查虫卵

E. 取血液查童虫

3. 治疗此寄生虫病的首选药物是

A. 阿苯达唑

B. 甲苯咪唑

C. 噻苯唑

D. 吡喹酮

E. 甲硝唑

(三) B 型题

A. 钉螺

B. 淡水鱼虾

C. 川卷螺

D. 淡水蟹、蝲蛄

E. 犬

1. 肺吸虫的第一中间宿主是

2. 肺吸虫的第二中间宿主是

3. 肺吸虫的保虫宿主是

(四) X 型题

1. 可引起人皮下包块或结节的寄生虫有

A. 猪带绦虫

B. 细粒棘球绦虫

C. 华支睾吸虫

D. 曼氏迭宫绦虫

E. 卫氏并殖吸虫

2. 常引起患者外周血嗜酸性粒细胞增高的寄生虫病有

A. 疟疾

B. 蛔虫病

C. 旋毛虫病

D. 弓形虫病

E. 肺吸虫病

3. 关于肺吸虫成虫形态结构描述正确的是

A. 形如半粒花生

B. 口吸盘与腹吸盘大小相同

C. 子宫与卵巢左右排列

D. 2个睾丸前后排列

E. 弯曲状肠管沿虫体两侧向后延伸

4. 关于肺吸虫卵形态结构描述正确的是

A. 椭圆形

B. 最大的蠕虫卵

C. 有卵壳、常倾斜

D. 含有毛蚴

E. 卵壳宽端薄、窄端厚

5. 肺吸虫病的临床表现有

A. 胸痛、咳嗽、铁锈色痰

B. 失眠、视力下降、癫痫

C. 腹痛、腹泻、便血

D. 肝区疼痛肿胀

E. 荨麻疹、皮下结节

6. 粉螨引起的常见超敏反应性疾病有

A. 过敏性休克

B. 过敏性皮炎

C. 过敏性鼻炎

D. 过敏性哮喘

E. 过敏性血小板减少性紫癜

（王 澂）

实验十　眼部与泌尿生殖系统寄生虫

一、结膜吸吮线虫（眼线虫）

【实验目的】
1. 熟悉眼线虫的形态特征。
2. 了解眼线虫感染期幼虫的形态特征。
3. 了解眼线虫的中间宿主。

【实验方法】
1. 肉眼观察标本　中间宿主针插标本：冈田绕眼果蝇为小型蝇类，多为麻灰色，有的略带棕黄色，腹部背面有3排锯齿状黑斑。
2. 镜下观察标本
（1）成虫玻片标本：低倍镜下，虫体乳白色，半透明，细长呈线状，体表有锯齿状环纹，头端钝圆，有圆形的角质口囊。雌虫大小为（6.2~20.0）mm×（0.3~0.85）mm，尾端直。雄虫大小为15.0mm×（0.25~0.75）mm，尾端向腹部弯曲，两根交合刺长短不一，形态各异。
（2）感染期幼虫（丝状蚴）：玻片标本，低倍镜下，虫体细长，约3.0mm×0.07mm，口囊、体表横纹初具成虫特征。

眼线虫的相关图片见图2-10-1~图2-10-3。

【作业】
描述眼线虫成虫的形态特征。

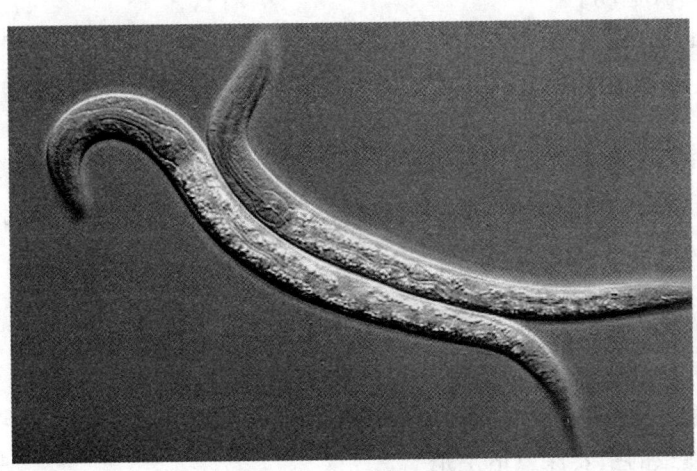

图2-10-1　眼线虫成虫

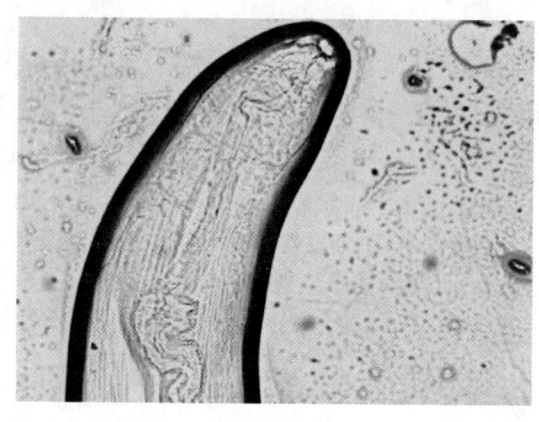

图 2-10-2 眼线虫成虫头端

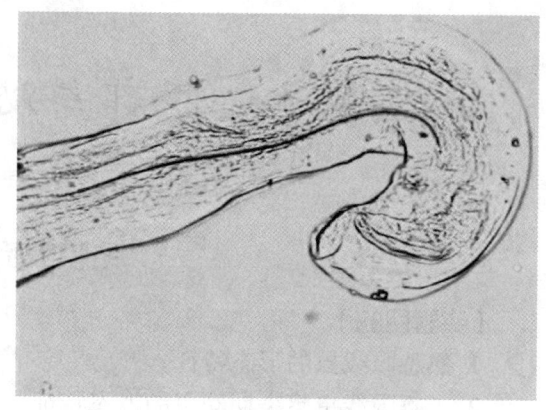

图 2-10-3 眼线虫成虫尾端

二、阴道毛滴虫

【实验目的】

1. 掌握阴道毛滴虫的形态特征。
2. 掌握阴道分泌物生理盐水直接涂片法的操作技术。

【实验方法】

1. 形态观察 镜下观察标本。

(1) 阴道毛滴虫染色玻片标本：经吉姆萨染色后，虫体细胞的胞质淡蓝色，胞核紫红色，鞭毛与轴柱呈粉红色。高倍镜或油镜下观察，虫体呈梨形或卵圆形，大小为（10~30）μm×（5~15）μm，细胞质内有许多淡红色的染色颗粒。虫体前1/3处有1个大而明显、椭圆形的泡状核。4根前鞭毛和1根后鞭毛，后鞭毛向后伸展，与虫体侧面的波动膜外缘相连，波动膜的长度一般不超过虫体的1/2。1根轴柱纵贯虫体，自后端伸出体外。

(2) 阴道毛滴虫活体标本：滴加1~2滴温生理盐水于载玻片，取阴道毛滴虫培养物1滴与生理盐水混合制成悬液，盖玻片覆盖后镜检。高倍镜下，虫体呈水滴状，无色透明，有折光性，做旋转式运动。

阴道毛滴虫的相关图片见彩图16~彩图18

2. 技术操作 阴道分泌物生理盐水直接涂片法（见第三章第一节）。

【作业】

1. 画出阴道毛滴虫的镜下形态结构图。
2. 为保证检出率，生理盐水直接涂片法检查阴道毛滴虫应注意哪些问题？

习 题

（一）A1 型题

1. 结膜吸吮线虫的主要保虫宿主是

A. 人

B. 犬、猫

C. 鱼类

D. 鸟类

E. 禽类

2. 结膜吸吮线虫对人体的主要致病阶段是

A. 虫卵

B. 杆状蚴

C. 成虫

D. 微丝蚴

E. 丝状蚴

3. 结膜吸吮线虫病确诊的依据是检获

A. 虫卵

B. 杆状蚴

C. 微丝蚴

D. 成虫

E. 丝状蚴

4. 盘尾丝虫对人体的主要致病阶段是

A. 成虫

B. 杆状蚴

C. 丝状蚴

D. 虫卵

E. 微丝蚴

5. 引起河盲症的寄生虫是

A. 盘尾丝虫

B. 结膜吸吮线虫

C. 猪肉绦虫

D. 弓形虫

E. 丝虫

6. 阴道毛滴虫的取材主要部位是

A. 阴道口

B. 子宫颈

C. 阴道后穹

D. 阴道前穹

E. 尿道

7. 阴道毛滴虫的运动细胞器是

A. 吸盘

B. 纤毛

C. 伪足

D. 鞭毛

E. 波动膜

8. 检查阴道毛滴虫常用的方法是

A. 涂片染色法

B. 培养法

C. 厚涂片法

D. 生理盐水涂片法

E. 离心沉淀法（ ）

9. 生活史中没有包囊阶段的原虫是

A. 溶组织内阿米巴

B. 结肠小袋纤毛虫

C. 蓝氏贾弟鞭毛虫

D. 弓形虫

E. 阴道毛滴虫

10. 阴道毛滴虫的感染期是

A. 包囊

B. 四核包囊

C. 滋养体

D. 大滋养体

E. 配子体

11. 阴道毛滴虫的传播途径是

A. 经直接接触

B. 经皮肤

C. 经胎盘

D. 经间接接触

E. A 和 D

12. 甲硝唑常用于治疗

A. 阴道毛滴虫

B. 弓形虫

C. 疟原虫

D. 利什曼原虫

E. 肝吸虫

13. 下列哪种寄生虫可造成泌尿生殖系统炎症病变

A. 隐孢子虫

B. 蓝氏贾第鞭毛虫

C. 溶组织内阿米巴

D. 弓形虫

E. 阴道毛滴虫

14. 滴虫性阴道炎的防治措施中，下列哪项与此无关

A. 治疗患者和带虫者

B. 口服药物甲硝唑

C. 注意饮食卫生

D. 注意个人卫生及经期卫生

E. 改进公共卫生设施

15. 生活史中只有滋养体期的寄生原虫是

A. 阴道毛滴虫

B. 蓝氏贾第鞭毛虫

C. 弓形虫

D. 杜氏利什曼原虫

E. 旋毛虫

16. 滴虫性阴道炎最常见的症状是

A. 尿频、尿急

B. 外阴瘙痒、白带增多

C. 前列腺炎

D. 宫颈炎

E. 子宫内膜炎

17. 滴虫性阴道炎的主要发病机制是

A. 滴虫侵入阴道上皮

B. 滴虫大量增殖

C. 滴虫增强乳酸杆菌的糖原酵解作用

D. 滴虫妨碍乳酸杆菌的糖原酵解作用

E. 离散因子使阴道黏膜细胞脱落

18. 检查阴道毛滴虫时，若要同时观察阴道的清洁度应选用的检查方法是

A. 生理盐水直接涂片法

B. 重力沉淀法

C. 细胞培养法

D. 涂片染色法

E. 动物接种法

19. 阴道毛滴虫的致病作用主要在于

A. 溶解阴道上皮细胞

B. 代谢产物的毒性作用

C. 减弱乳酸杆菌的酵解作用

D. 产生溶组织酶

E. 机械性损伤

（二）A3 型题

1. 患者，男，69 岁，因左眼视物模糊 2 年，右眼视物模糊 1 年伴轻微异物感而就诊。检查：角膜表面发现有一透明黏丝状物附着，以棉签擦拭见该丝状物蜷曲扭动，取出后见长约 15mm，宽 0.3～0.4mm，半透明，乳白色线状，一端钝圆，一端呈钩曲状。用 10% 甲醛固定虫体后进行寄生虫学鉴定。

（1）该患者最可能患有的寄生虫病是

A. 视网膜脉络膜炎

B. 结膜吸吮线虫病

C. 河盲症

D. 眼囊尾蚴病

E. 贾第虫病

（2）上述疾病的确诊方法是

A. 显微镜下观察所取虫体的形态结构

B. 检眼镜检查

C. 肉眼观察所取虫体的形态结构

D. 眼部分泌物涂片检查

E. 检测患者血清特异性抗体

（3）治疗此寄生虫病的首选药物是

A. 阿苯达唑

B. 小檗碱

C. 吡喹酮

D. 可卡因

E. 南瓜子槟榔合剂

2. 患者，女，29岁，主诉有不洁性交史，近日白带增多，泡沫状，色黄、外阴、阴道奇痒难忍，伴尿频、尿急、尿痛。检查：外阴、阴道潮红，阴道分泌物多，色黄质稀如脓，带腥臭味。查白带发现滴虫，诊断为滴虫性阴道炎。

（1）此患者最有可能的感染方式是

A. 使用公共浴池、浴巾感染

B. 性生活接触感染

C. 经饮食感染

D. 经输血感染

E. 使用公共坐便器感染

（2）检查阴道毛滴虫常用的方法是

A. 生理盐水直接涂片法

B. 吉姆萨染色法

C. 瑞特染色法

D. 铁苏木素染色法

E. 消化沉淀法

（3）治疗滴虫性阴道炎的首选药物是

A. 噻嘧啶

B. 氯喹

C. 吡喹酮

D. 甲硝唑

E. 乙胺嘧啶

（三）B型题

1. A. 感染期虫卵

   B. 感染期幼虫

   C. 成虫

   D. 桑葚期虫卵

E. 含蚴卵

（1）结膜吸吮线虫的感染阶段是

（2）盘尾丝虫的感染阶段是

2. A. 犬

　　B. 猫

　　C. 鼠

　　D. 蚊

　　E. 果蝇

（1）结膜吸吮线虫的传播媒介是

（2）盘尾丝虫的传播媒介是

3. A. 虫卵

　　B. 滋养体

　　C. 毛蚴

　　D. 成熟包囊

　　E. 配子体

（1）阴道毛滴虫的感染阶段是

（2）阴道毛滴虫的致病阶段是

（四）X型题

1. 可寄生于人体眼部的虫体有

A. 弓形虫

B. 猪肉绦虫

C. 结膜吸吮线虫

D. 盘尾丝虫

E. 溶组织内阿米巴

2. 下列关于结膜吸吮线虫的描述正确的是

A. 雌雄异体

B. 成虫体表有边缘锐利的环纹

C. 成虫长为4~20mm

D. 成虫体表光滑如丝线

E. 冈田绕眼果蝇既是中间宿主，又是传播媒介

3. 经间接或直接接触可能感染的寄生虫有

A. 钩虫

B. 阴道毛滴虫

C. 疥螨

D. 蓝氏贾第鞭毛虫

E. 耻阴虱

4. 阴道毛滴虫的寄生部位是

A. 消化道

B. 尿道

C. 阴道

D. 睾丸

E. 前列腺

5. 阴道毛滴虫的形态结构特征有

A. 梨形

B. 轴柱 1 根

C. 细胞核 2 个

D. 波动膜 1 个

E. 前鞭毛 4 根，后鞭毛 1 根

6. 与防治阴道毛滴虫感染有关的是

A. 加强宣传教育

B. 注意饮食卫生

C. 注意个人卫生及经期卫生

D. 夫妻双方应同时服药

E. 口服甲硝唑治疗

（王文国）

第三章 寄生虫诊断的常用检验技术

第一节 寄生虫诊断的病原学检验技术

一、粪便标本的寄生虫检验技术

粪便检查是诊断寄生虫病常用的病原学检测方法。要取得准确的结果，粪便必须新鲜，送检时间一般不宜超过 24h。如检查肠内原虫滋养体，最好立即检查，或暂时保存在 35～37℃ 条件下待查。盛粪便的容器必须洁净、干燥，并防止污染；粪便不可混入尿液及其他体液等，以免影响检查结果。具体方法如下。

（一）直接涂片法

直接涂片法（direct smear method）用以检查蠕虫卵、原虫的包囊和滋养体。方法简便，连续做 3 次涂片，可以提高检出率。

1. 蠕虫卵检查　滴 1 滴生理盐水于洁净的载玻片上，用棉签棍或牙签挑取绿豆大小的粪便块，在生理盐水中涂抹均匀；涂片的厚度以透过玻片隐约可辨认书上的字迹为宜。一般在低倍镜下检查，如用高倍镜观察，需加盖片。应注意虫卵与粪便中的异物相鉴别。虫卵都具有一定形状和大小，卵壳表面光滑整齐，具固有的色泽，卵内含卵细胞或幼虫。

2. 原虫检查

(1) 活滋养体检查：涂片应较薄，方法同查蠕虫卵。气温愈接近体温，滋养体的活动愈明显。必要时可用保温台保持温度。

(2) 包囊的碘液染色检查：直接涂片方法同上，以 1 滴碘液代替生理盐水，粪便涂抹方法同上。若同时需检查活滋养体，可在玻片另一侧滴 1 滴生理盐水。同上法涂抹粪便标本，再盖上盖片。片中滴碘液的一侧查包囊，另一侧查活滋养体。

碘液配方：碘化钾 4g，碘 2g，蒸馏水 100ml。

(3) 隐孢子虫卵囊染色检查：目前最佳的方法为金胺-酚-改良抗酸染色法。其次为金胺-酚染色法和改良抗酸染色法。对于新鲜粪便或经 10% 甲醛溶液固定保存（4℃ 1 个月内）的含卵囊粪便，都可用这 3 种方法染色。染色过程是先用金胺-酚染色，再用改良抗酸染色法复染。方法步骤如下。

1) 金胺-酚（auramine-phenol）染色法

① 染液配制：1g/L 金胺-酚染色液（第一液），应用金胺 0.1g，苯酚 5.0g，蒸馏水 100ml；3% 盐酸乙醇（第二液），应用盐酸 3ml，95% 乙醇 100ml；5g/L 高锰酸钾液（第三液），应用高锰酸钾 0.5g，蒸馏水 100ml。

② 染色步骤：滴加第一液于晾干的粪膜上，10～15min 后水洗；滴加第二液，1min 后水洗；滴加第三液，1min 后水洗，待干；置荧光显微镜检查。

低倍荧光镜下，可见卵囊为一圆形小亮点，发出乳白色荧光。高倍镜下卵囊呈乳白或略带绿色，卵囊壁为一薄层，多数卵囊周围深染，中央淡染，呈环状，核深染结构偏位，有些卵囊全部为深染。但有些标本可出现非特异的荧光颗粒，应注意鉴别。

2）改良抗酸染色法（modified acid-fast method）

① 染色液配制：苯酚品红染色液（第一液），应用碱性品红 4g，95% 乙醇 20ml，苯酚 8ml，蒸馏水 100ml；10% 硫酸溶液（第二液），应用纯硫酸 10ml，蒸馏水 90ml（边搅拌边将硫酸徐徐倾入水中）；20g/L 孔雀绿液（第三液），应用 20g/L 孔雀绿原液 1ml，蒸馏水 10ml。

② 染色步骤：滴加第一液于晾干的粪膜上，1.5~10min 后水洗；滴加第二液，1~10min 后水洗；滴加第三液，1min 后水洗，待干；置显微镜下观察。

经染色后，卵囊呈玫瑰红色，圆形或椭圆形，背景为绿色。如染色（1.5min）和脱色（2min）时间短，卵囊内子孢子边界不明显；如染色时间长（5~10min）脱色时间需相应延长，子孢子边界明显。卵囊内子孢子均染为玫瑰红色，子孢子呈月牙形，共 4 个。其他非特异颗粒则染成蓝黑色，容易与卵囊区分。

不具备荧光镜的实验室，亦可用本方法先染色，然后在光镜低、高倍下过筛检查，如发现小红点再用油镜观察则效果好，可提高检出速度和准确性。

3）金胺 - 酚染色 - 改良抗酸复染法：用本法可克服上述染色法的缺点。具体方法是先用金胺 - 酚染色后，再用改良抗酸染色法复染。然后用光学显微镜观察，卵囊同抗酸染色法所见，但非特异性颗粒被染成蓝黑色，两者颜色截然不同，极易鉴别，使检出率和准确性大大提高。

（二）厚涂片透明法（改良加藤法）

厚涂片透明法（modified Kato's thick smear）适于蠕虫卵检查。取约 50mg（已用 100 目不锈钢筛除去粪渣）粪便，置于载玻片上，覆以浸透甘油 - 孔雀绿溶液的玻璃纸片，轻压，使粪便铺开（20mm×25mm）。置于 30~36℃ 温箱中约 30min 或 25℃ 约 1h。待粪膜稍干，即可镜检。

玻璃纸准备：将玻璃纸剪成 22mm×30mm 大小的小片，浸于甘油 - 孔雀绿溶液（含纯甘油 100ml、水 100ml 和 1ml 3% 孔雀绿水溶液）中至少浸泡 24h，至玻璃纸呈现绿色。

使用此法需掌握粪膜的合适厚度和透明的时间，如粪膜厚、透明时间短，虫卵难以发现；如透明时间过长则虫卵变形，也不易辨认。例如，检查钩虫卵时，透明时间宜在 30min 以内。

（三）浓聚法

在感染度比较低的情况下，粪便直接涂片法容易造成漏诊。为了提高检出率，可采用各种浓聚法（concentration method）检查粪便中的虫卵及包囊。常用的方法有浮聚法和沉淀法。

1. 浮聚法（flotation method） 利用比重较大的液体，使原虫包囊或蠕虫卵上浮，集中于液体表面，常用的方法有 2 种。

(1) 饱和盐水浮聚法（brine flotation）：此法用以检查钩虫卵效果最好，也可用于检查其他线虫卵和微小膜壳绦卵。但不适于检查吸虫卵和原虫包囊。用竹签取黄豆粒大小的粪便置于浮聚瓶（高 3.5cm、直径约 2cm 的圆形直筒瓶）中，加入少量饱和盐水调匀，再慢慢加入饱和盐水至液面略高于瓶口，以不溢出为止。此时在瓶口覆盖一载玻片，静置

15min 后，将载玻片提起并迅速翻转，镜检。

饱和盐水配制：将食盐徐徐加入盛有沸水的容器内，不断搅动，直至食盐不再溶解为止。

(2) 硫酸锌离心浮聚法（zinc sulfate centrifugal flotation method）：此法适用于检查原虫包囊、球虫卵囊、线虫卵和微小膜壳绦虫卵。取粪便约1g，加10~15倍的水，充分搅碎，按离心沉淀法过滤，反复离心3~4次，至清水为止，最后倒去上清液，在沉渣中加入比重1.18的硫酸锌液（33%的溶液），调匀后再加硫酸锌溶液至距管口约1cm处，离心1min。用金属环钩取表面的粪液置于载玻片上，加碘液1滴（查包囊），镜检。钩取标本时，用金属环轻轻接触液面即可，切勿搅动。离心后应立即取标本镜检，如若放置时间超过1h以上，会因包囊或虫卵变形而影响观察效果。

(3) 蔗糖离心浮聚法：此法适用于检查粪便中隐孢子虫的卵囊。取粪便约5g，加水15~20ml，以260目尼龙袋或4层纱布过滤。取滤液离心5~10min，吸弃上清液，加蔗糖溶液（蔗糖500g，蒸馏水320ml，苯酚6.5ml）再离心，然后如同饱和盐水浮聚法，取其表面膜镜检（高倍或油镜）。卵囊透明无色，囊壁光滑，内含一小暗点和发出蛋黄色的子孢子。隐孢子虫的卵囊在漂浮液中浮力较大，常紧贴于盖片之下，鉴于1h后卵囊脱水变形不易辨认，故应立即镜检。也可用饱和硫酸锌溶液或饱和盐水替代蔗糖溶液。

常见蠕虫卵、包囊的比重见表3-1-1。

表3-1-1 蠕虫卵、包囊的比重

虫卵或包囊	比重
华支睾吸虫卵	1.170~1.190
姜片吸虫卵	1.190
肝片形吸虫卵	1.200
日本血吸虫卵	1.200
带绦虫卵	1.140
微小膜壳绦虫卵	1.050
钩虫卵	1.055~1.080
鞭虫卵	1.150
蛲虫卵	1.105~1.115
受精蛔虫卵	1.110~1.130
未受精蛔虫卵	1.210~1.230
毛圆线虫卵	1.115~1.130
溶组织内阿米巴包囊	1.060~1.070
结肠内阿米巴包囊	1.070
微小内蜓阿米巴包囊	1.065~1.070
蓝氏贾第鞭毛虫包囊	1.040~1.060

2. 沉淀法（sedimentation method） 沉淀法是用于比重大可沉积于水底的原虫包囊和蠕虫卵的检查，有助于提高检出率。但比重较小的钩虫卵和某些原虫包囊则效果较差。

(1) 重力沉淀法：即自然沉淀法。本法主要用于蠕虫卵检查，蠕虫卵比重大于水，可沉于水底，使虫卵浓集。并且，经水洗后，视野清晰，易于检查。有些虫卵，如钩虫卵，比重较轻，应用此法效果不佳。本法缺点为费时，操作繁琐。

取粪便20～30g，加水制成混悬液，用金属筛（40～60孔）或2～3层湿纱布过滤，再加清水冲洗残渣；过滤粪液在容器中静置25min，倒去上液，重新加满清水，以后每隔15～20min换水1次（共3～4次），直至上清液清晰为止。最后倒去上清液，取沉渣做涂片镜检。检查血吸虫卵时，沉淀时间不宜过长，尤在室温高于15℃时，卵内毛蚴易孵化。当检查包囊时，换水间隔时间宜延长至约6h。

(2) 离心沉淀法（centrifugal sedimentation method）：将上述滤去粗渣的粪液离心（1500～2000r/min）1～2min，倒去上液，注入清水，再离心沉淀，如此反复沉淀3～4次，直至上液澄清为止，最后倒去上液，取沉渣镜检。本法省时、省力，适用于临床检验。

(3) 汞碘醛离心沉淀法（merthiolate-iodine-formaldehyde centrifugation sedimentation method, MIFC）：本法既可浓集，又可固定和染色，适用于原虫包囊、滋养体及蠕虫卵和幼虫的检查。如准确称取1g粪便，即可做蠕虫卵的定量检查。

取粪便1g，加适量（约10ml）汞碘醛液，充分调匀，用2层脱脂纱布过滤，再加入乙醚4ml，摇2min，离心（2000r/min）1～2min，即分成乙醚、粪渣、汞碘醛及沉淀物4层。吸弃上面3层，取沉渣镜检。

汞碘醛液配制如下：①汞醛（MF）液：1/1000硫柳汞酊200ml，甲醛溶液（40%）25ml，甘油50ml，蒸馏水200ml；②卢戈液：碘5g，碘化钾10g，蒸馏水100ml。检查时取汞醛液2.35ml及5%卢戈液0.15ml混合备用。但混合液保存8h后即变质，不应再用；碘液亦不宜于1周后再用。

(4) 醛醚沉淀法（formalin-ether sedimentation）：取粪便1～2g置于小容器内，加水10～20ml调匀，将粪便混悬液经2层纱布（或100目金属筛网）过滤，离心（200r/min）2min；倒去上层粪液，保留沉渣，加水10ml混匀，离心2min；倒去上液，加10%甲醛溶液7ml。5min后加乙醚3ml，塞紧管口并充分摇匀，取下管口塞，离心2min，即可见管内自上而下分为4层。取管底沉渣涂片镜检。

本法不仅浓集效果好，而且不损伤包囊和虫卵的形态，易于观察和鉴定。对于含脂肪较多的粪便，本法效果优于硫酸锌漂浮法。但对布氏嗜碘阿米巴包囊、贾第虫包囊及微小膜壳绦虫卵等的检查效果较差。

3. 尼龙袋集卵法　本法主要用于血吸虫卵的浓集。先将120目/英寸（1寸＝0.03米）（孔径略大于血吸虫卵）的尼龙袋套于260目/英寸（孔径略小于血吸虫卵）的尼龙袋内（两袋的底部均不粘合，分别用金属夹夹住）。取粪便30g，放入搪瓷杯内加水捣碎调匀，经60目/英寸铜筛滤入内层尼龙袋，然后将2个尼龙袋一起在清水桶内缓慢上、下提动洗滤袋内粪液，或在自来水莲蓬头下缓缓冲洗，至袋内流出清水为止。将120目/英寸尼龙袋提出，弃取袋内粪渣，取下260目/英寸尼龙袋下端金属夹，将袋内粪渣全部洗入三角量杯内，静置15min。倾去上清液，吸沉渣镜检。或将沉渣倒入三角烧瓶内进行血吸虫毛蚴孵化。

本法有费时短、虫卵丢失少等优点，并可避免在自然沉淀过程中孵出的毛蚴在换水时被倒掉。

（四）毛蚴孵化法

毛蚴孵化法（miracidium hatching method）是依据血吸虫卵内的毛蚴在适宜温度的清

水中，短时间内可孵出的特性而设计的方法，适用于早期血吸虫病患者的粪便检查。取粪便约 30g，先经重力沉淀法浓集处理，将粪便沉渣倒入三角烧瓶内，加清水（城市中须用去氯水）至瓶口，在 20~30℃ 的条件下，经 4~6h 后用肉眼或放大镜观察结果。如见水面下有白色点状物做直线来往游动，即是毛蚴。必要时也可以用吸管将毛蚴吸出镜检。如无毛蚴，每隔 4~6h（24h 内）观察 1 次。气温高时，毛蚴可在短时间内孵出，因此在夏季要用 1.2% 食盐水或冰水冲洗粪便，最后一次才改用室温清水。

毛蚴促孵法：将用沉淀法处理后的粪便沉渣置于三角瓶内，不加水，或将粪便置于吸水纸上，再放在 20~30℃ 温箱中过夜。检查时，加清水，2h 后就可见到孵出的毛蚴。采用此法，毛蚴孵出时间较一致，数量也较多。

（五）肛门拭子法

肛门拭子法（anal swab）适用于肛周产卵（蛲虫），或常可在肛门附近发现虫卵（带绦虫卵）的检查。

1. 棉签拭子法　先将棉签浸泡在生理盐水中，取出时挤去过多的盐水，在肛门周围擦拭，随后将棉签放入盛有饱和盐水的试管中，用力搅动，迅速提起棉签，在试管内壁挤干盐水后弃去，再加饱和盐水至管口处，覆盖一载玻片，务使其接触液面，5 min 后取下载玻片镜检。也可将擦拭肛门的棉签放在盛清水的试管中，经充分浸泡，取出，在试管内壁挤去水分后弃去。试管静置 10min，或经离心后，倒去上液，取沉渣镜检。

2. 透明胶纸法　用长约 6cm、宽约 2cm 的透明胶纸有胶面，粘贴肛门周围的皮肤，取下后将有胶面平贴在玻片上，镜检。

（六）钩蚴培养法

钩蚴培养法（culture method for hookworm larvae）是根据钩虫卵内幼虫在适宜条件下可在短时间内孵出的原理设计的方法。加冷开水约 1 ml 于洁净试管内（1cm×10cm），将滤纸剪成与试管等宽但较试管稍长的 T 字形纸条，用铅笔书写受检者姓名或编号于横条部分。取粪便 0.2~0.4g，均匀地涂抹在纸条竖部的上部 2/3 处，再将纸条插入试管，下端浸泡在水中，以粪便不接触水面为度。在 20~30℃ 条件下培养。培养期间每天沿管壁补充冷开水，以保持水面高度。3 天后用肉眼或放大镜检查试管底部。钩蚴在水中常做蛇行游动，虫体透明。如未发现钩蚴，应继续培养观察至第 5 天。气温太低时可将培养管放入温水（30℃ 左右）中数分钟后，再行检查。

此法亦可用于分离人体肠道内各种阿米巴滋养体及人毛滴虫滋养体，且能提高检出率。但是，每管粪便量应为 1.0g，适宜温度为 25~30℃，培养时间为 2~4 天。临床上为了及时报告致病原虫，可于培养 48h 后镜检。

（七）虫卵计数法

虫卵计数法（egg count）用于估计人体内寄生虫的感染度，常用司徒尔（Stoll）法，即司氏稀释虫卵计数法。

用特制的三角烧瓶（或普通三角烧瓶），容量为 65ml 左右，在烧瓶的颈部相当于 56ml 和 60ml 处，有 2 个刻度。先把 0.1ml/L NaOH 溶液倒入瓶内至 56ml 处，再慢慢地加入粪便，到液面上升到 60ml 处，然后放进玻璃珠 10 余颗，用橡胶塞塞紧瓶口，充分摇动，使其成为十分均匀的混悬液。

计数时充分摇匀，用有刻度的小吸管吸取 0.075ml 或 0.15ml 粪液置于载玻片上，加盖片，在低倍镜下计数全片的虫卵数，乘以 200（0.075ml）或 100（0.15ml）即得每克粪便虫卵数。由于粪便的性状明显地影响估算结果，因此不成形粪便的虫卵数应再乘粪便性状系数，即半成形粪便 ×1.5，软湿形粪便 ×2，粥状粪便 ×3，水泻粪便 ×4。

$$雌虫数 = \frac{每克粪便含卵数 \times 24h 粪便克数 \times 血清稀释倍数}{已知雌虫数每天排卵总数}$$

$$成虫总数 = 雌虫总数 \times 2$$

（八）定量透明法

定量透明法适用于各种粪便内蠕虫卵的检查及计数。此法系应用改良聚苯乙烯作定量板，大小为 40mm×30mm×1.37mm，模孔为一长圆孔，大小为 8mm×4mm，两端呈半圆形，所取的粪样平均为 41.7mg。操作时将大小约 4cm×4cm 的 100 目尼龙网或金属筛网覆盖在粪便标本上，自筛网上用刮片刮取粪便，置定量板与载玻片上，用一手的两指压住定量板的两端，将刮片上的粪便填满模孔，刮去多余粪便。掀起定量板，载玻片上留下一个长形粪样，然后在粪条上覆盖含甘油 - 孔雀绿溶液的大小为 5.0cm×2.5cm 的玻璃纸条，展平后加压，使玻璃纸下的粪便铺成长椭圆形。经 1~2h 粪便透明后置镜下计数。将所得虫卵数 ×24，再乘上述粪便性状系数，即为每克粪便虫卵数（eggs per gram，EPG）。常见蠕虫的每条雌虫每天排卵数如表 3-1-2。

表 3-1-2　各种蠕虫每条雌虫每日排卵数

虫　　名	产卵数/日（平均数）
华支睾吸虫	1600~4000（2400）
姜片虫	15 000~48 000（25 000）
卫氏并殖吸虫	10 000~20 000
日本血吸虫	1000~3500
猪带绦虫	30 000~50 000/孕节
牛带绦虫	97 000~124 000/孕节
十二指肠钩虫	10 000~30 000（24 000）
美洲钩虫	5000~10 000（9000）
蛔虫	234 000~245 000（240 000）
鞭虫	100~7000（2000）

来源于不同资料的数目可能不同。

（九）淘虫检查法

为考核驱虫疗效，常需从粪便中淘取蠕虫进行鉴定与计数。取患者服药后 24~72h 的全部粪便，加水搅拌，用筛（40 目）或纱布滤出粪渣，经水反复冲洗后，倒在盛有清水的大型玻皿内。检查混杂在粪渣中的虫体时，应在玻皿下衬以黑纸。

（十）带绦虫孕节检查法

绦虫节片用清水洗净，置于两节玻片之间，轻轻压平，对光观察内部结构，并根据子宫分支情况鉴定虫种。也可以用注射器从孕节后端正中部插入子宫内徐徐注射炭素墨水或卡红，待子宫分支显现后计数。

卡红染液配制：钾明矾饱和液 100ml，卡红 3g，冰醋酸 10ml。混合液置于 37℃温箱内过夜，过滤后即可应用。

二、血液标本的寄生虫检验技术

血液检查是诊断疟疾、丝虫病的基本方法。涂制血膜用的载玻片用前需经洗涤液处理，自来水、蒸馏水冲洗，在 95% 乙醇中浸泡，擦干或烤干后使用。采血针用前必须消毒或用一次性针，一人一针以免交叉感染。

洗涤液配制：常用玻璃器皿的洗涤液为铬酸洗液，含工业浓硫酸 100ml，重铬酸钾 80g，水 1000ml。先用冷水将重铬酸钾溶化，然后徐徐加入浓硫酸，同时用玻璃棒搅拌。

（一）检查疟原虫

1. 取血与涂片　用 75% 乙醇棉球消毒耳垂，待干后用左手拇指与示指捏着耳垂下方，并使耳垂下侧方皮肤绷紧，右手持取血针、刺破皮肤，挤出血滴。薄、厚血膜可涂制在同一张玻片上。间日疟原虫宜在发作后数小时采血；恶性疟在发作初期采血可见大量环状体，1 周后可见配子体。

(1) 薄血膜制片：在载玻片 1/3 与 2/3 交界处蘸血一小滴，以一端缘光滑的载片为推片，将推片的一端置于血滴之前，待血液沿推片端缘扩散后，自右向左推成薄血膜。操作时两载片间的角度为 30°~45°，推动速度适宜。理想的薄血膜，应是一层均匀分布的血细胞，血细胞间无空隙且涂血膜末端呈扫帚状。

(2) 厚血膜制片：于载玻片的另一端（右）1/3 处蘸血一小滴（约 $10mm^3$），以推片的一角，将血滴自内向外做螺旋形摊开，使之成为直径 0.8~1cm、厚薄均匀的厚血膜。厚血膜为多层血细胞的重叠，约等于 20 倍薄血膜的厚度。

2. 固定与染色　血片必须充分晾干，否则染色时容易脱落。固定时用小玻棒蘸甲醇或无水乙醇在薄血膜上轻轻抹过。如薄、厚血膜在同一玻片上，切勿将固定液带到厚血膜上，因厚血膜固定之前必须进行溶血。可用滴管滴水于厚血膜上，待血膜呈灰白色时，将水倒去，晾干。在稀释各种染液和冲洗血膜时，如用缓冲液则染色效果更佳。

(1) 缓冲液的配制：使用时将下述原液按表 3-1-3 配制成不同的 pH 缓冲液。染色时临时配制成 pH7.0 或 pH7.2 的缓冲液。

1) 磷酸氢二钠液：无水磷酸氢二钠（Na_2HPO_4）9.64g 或 $Na_2HPO_4 \cdot 2H_2O$ 11.867g 或 $Na_2HPO_4 \cdot 7H_2O$ 17.872g 或 $Na_2HPO_4 \cdot 12H_2O$ 23.877g，蒸馏水 1000ml。

2) M/15 磷酸二氢钾液：磷酸二氢钾（KH_2PO_4）9.073g，蒸馏水 1000ml。

表 3-1-3　缓冲液配制

pH	M/15 KH_2PO_4 (ml)	Na_2HPO_4 (ml)	蒸馏水 (ml)
6.8	4.9	5.1	90
7.0	6.3	3.7	90
7.2	7.3	2.7	90

(2) 常用的染色剂有吉姆萨染剂（Giemsa stain）和瑞特染剂（Wright stain）。

1) 吉姆萨染色法：此法染色效果良好，血膜褪色较慢，保存时间较久，但染色时间较长。

①染液配制：吉姆萨染剂粉1g，甲醇50ml，纯甘油50ml。将吉姆萨染剂粉置于研钵中（最好用玛瑙研钵），加小量甘油充分研磨，加甘油再磨，直至50ml甘油加完为止，倒入棕色玻瓶中。然后分数次用少量甲醇冲洗钵中的甘油染粉，倒入玻瓶直至50ml甲醇用完为止，塞紧瓶塞，充分摇匀，置65℃温箱内24h或室温内1周后过滤，备用。

②染色方法：用pH 7.0～7.2的缓冲液，将吉姆萨染液稀释；比例为15～20份缓冲液加1份吉姆萨染液。用蜡笔划出染色范围，将稀释的吉姆萨染液滴于已固定的薄、厚血膜上，染色30min（室温），再用上述缓冲液冲洗。血片晾干后镜检。

2) 快速吉姆萨染色法：吉姆萨染液1ml，加缓冲液5ml，如前法染色5min后用缓冲液冲洗，晾干后镜检。

3) 瑞特染色法：此法操作简便，适用于临床诊断，但甲醇蒸发甚快，掌握不当易在血片上发生染液沉淀，并较易褪色，保存时间不长。多用于临时性检验。

①染液配制：瑞特染剂粉0.1～0.5g，甲醇97ml，甘油3ml。将瑞特染剂加入甘油中充分研磨，然后加少量甲醇，研磨后倒入瓶内，再分数次用甲醇冲洗钵中的甘油溶液，倒入瓶内，直至用完为止。摇匀，24h后过滤待用。一般1～2周再过滤。

②染色方法：瑞特染剂含甲醇，薄血膜不需先固定；而厚血膜则需先经溶血，待血膜干后才能染色。染色前先将溶过血的厚血膜和薄血膜一起用蜡笔划好染色范围，以防滴加染液时外溢。滴染液使覆盖于全部厚、薄血膜上，30s～1min后用滴管加等量的蒸馏水，轻轻摇动载玻片，使蒸馏水和染液混合均匀，此时出现一层灿铜色浮膜（染色），3～5min后用水缓慢从玻片一端冲洗（注意勿先倒去染液或直对血膜冲洗），晾干后镜检。

（二）检查微丝蚴

1. 新鲜血片检查　晚间9时至次晨2时取血1滴滴于载玻片上，加盖片，在低倍镜下观察，发现蛇形游动的幼虫后，仍需做染色检查，以确定虫种。

2. 厚血膜检查　厚血膜的制作、溶血、固定与吉姆萨液染色同疟原虫。但需取血3滴，也可用Delafieid苏木素染色法染色。该染液的配制方法如下。

取苏木素1g溶于纯乙醇或95%乙醇10ml中，加饱和硫酸铝铵（8%～10%）100ml，倒入棕色瓶中，瓶口用2层纱布扎紧，在阳光下氧化2～4周，过滤，加甘油25ml和甲醇25ml，用时稀释10倍左右，将溶血、固定的厚血膜置于Delafieid苏木素液内10～15min，在1%酸乙醇中分色1～2min，蒸馏水洗涤1～5min，至血膜呈蓝色，再用1%伊红染色0.5～1min，以水洗涤2～5min，晾干后镜检。

3. 活微丝蚴浓集法　在离心管内加蒸馏水半管，加血液10～12滴，再加生理盐水混匀，离心（3000r/min）沉淀3min，取沉渣检查。或取静脉血1ml，置于盛有0.1ml的3.8%枸橼酸钠的试管中，摇匀，加水9ml，待红细胞溶化后，再离心2min，倒去上清液，加水再离心，取沉渣镜检。

三、痰液标本的寄生虫检验技术

痰中可能查见肺吸虫卵、溶组织内阿米巴滋养体、棘球蚴的原头蚴、粪类圆线虫幼虫、蛔蚴、钩蚴、尘螨等；卡氏肺孢子虫的包囊也可出现于痰中，但检出率很低。

1. 肺吸虫卵检查。可先用直接涂片法检查，如为阴性，改为浓集法集卵，以提高检出率。

(1) 直接涂片法：在洁净载玻片上先加1～2滴生理盐水，挑取痰液少许，最好选带铁锈色的痰，涂成痰膜，加盖片镜检。如未发现肺吸虫卵，但见有夏科-雷登晶体，提示可能是肺吸虫患者，多次涂片检查为阴性者，可改用浓集法。

(2) 浓集法：收集24h痰液，置于玻璃杯中，加入等量10%NaOH溶液，用玻棒搅匀后，放入37℃温箱内，数小时后痰液消化成稀液状。分装于数个离心管内，以1500r/min离心5~10min，弃去上清液，取沉渣数滴涂片检查。

2. 溶组织内阿米巴大滋养体检查。取新鲜痰液做涂片。天冷时应注意镜台上载玻片保温。高倍镜观察，如为阿米巴滋养体，可见其伸出伪足并做定向运动。

3. 上述其他蠕虫幼虫及螨类等宜用浓集法检查。

四、十二指肠引流液标本的寄生虫检验技术

用十二指肠引流管抽取十二指肠液及胆汁，以直接涂片法镜检；也可以经离心浓集后，取沉渣镜检。可检查蓝氏贾第鞭毛虫滋养体、华支睾吸虫卵、肝片形吸虫卵和布氏姜片虫卵等；在急性阿米巴肝脓肿患者胆汁中偶可发现大滋养体。

检查方法：可将各部分十二指肠引流液滴于载玻片上，加盖片后直接镜检。为提高检出率，常将各部分引流液加生理盐水稀释搅拌后，分装于离心管内，以2000r/min离心5~10min，吸取沉渣涂片镜检。如引流液过于黏稠，应先加10%NaOH消化后再离心。引流中的贾第虫滋养体常附着在黏液小块上，或虫体聚集成絮片状物。肝片形吸虫卵与姜片虫卵不易鉴别，但前者可出现于胆汁，而后者只见于十二指肠液中。

五、尿液和阴道分泌物标本的寄生虫检验技术

（一）尿液

取尿液3~5ml，离心（2000r/min）3~5min，后取沉渣镜检。但乳糜尿需加等量乙醚，用力振荡，使脂肪溶于乙醚。然后吸去脂肪层，离心，取沉渣镜检。可查见阴道毛滴虫、微丝蚴、埃及血吸虫卵。

（二）阴道分泌物

检查阴道毛滴虫。

1. 直接涂片法　用消毒棉签在受检查者阴道后穹、子宫颈及阴道壁上取分泌物，然后在有1~2滴生理盐水的载玻片上做涂片镜检，可发现活动的虫体。天气寒冷时，应注意保温。

2. 悬滴法　取阴道分泌物置于盖片上的生理盐水中，盖片周缘涂抹了一薄层凡士林，翻转盖片小心覆盖在具凹孔的载玻片上，稍加压使2片粘合，液滴悬于盖片下面，镜检。

六、组织液标本的寄生虫检验技术

鞘膜积液：主要检查班氏微丝蚴。阴囊皮肤经聚维酮碘等消毒后，用注射器抽取鞘膜积液做直接涂片检查，也可以加适量生理盐水稀释离心，取沉渣镜检。

七、皮肤与组织标本的寄生虫检验技术

（一）骨髓穿刺

主要检查杜氏利什曼原虫无鞭毛体。一般常做髂骨穿刺，嘱患者侧卧，暴露髂骨部位。视年龄大小，选用17~20号带有针芯的干燥无菌穿刺针，从髂前上棘后约1cm处刺

入皮下，当针尖触及骨面时，再慢慢地钻入骨内 0.5～1.0cm，即可拔出针芯，接一 2ml 干燥注射器，抽取骨髓液。取少许骨髓液做涂片；甲醇固定，同薄血膜染色法染色，油镜检查。

（二）淋巴结穿刺

1. 利什曼原虫　检出率低于骨髓穿刺，但方法简便、安全。对于以往治疗的患者，因其淋巴结内原虫消失较慢，故仍有一定价值。穿刺部位一般选腹股沟部，先将局部皮肤消毒，用左手拇指和示指捏住一个较大的淋巴结，右手用一干燥无菌6号针头刺入淋巴结。稍待片刻，拔出针头，将针头内少量淋巴结组织液滴于载玻片上，做涂片染色检查。

2. 丝虫成虫　同上法获取淋巴组织液，染色后镜检。

（三）肌肉活检

1. 旋毛虫幼虫　用外科手术从患者腓肠肌、肱二头肌或股二头肌取米粒大小肌肉1块，置于载玻片上，加50%甘油1滴，盖上另一载玻片，均匀压紧，低倍镜下观察。取下之肌肉须立即检查，否则幼虫变得模糊，不易观察。

2. 并殖吸虫、裂头蚴、猪囊尾蚴　用外科手术摘取肌肉内的结节，剥除外层纤维被膜，在2张载玻片间压平、镜检。也可经组织固定后做切片染色检查。

（四）皮肤及皮下包块中寄生虫检查

1. 囊尾蚴、裂头蚴、并殖吸虫　参见肌肉检查。

2. 皮肤利什曼原虫　在皮肤上出现丘疹和结节等疑似皮肤型黑热病的患者，可选择皮损较明显之处，做局部消毒，用干燥灭菌的注射器，刺破皮损处，抽取组织液做涂片；或用消毒的锋利小剪，从皮损表面剪取一小片皮肤组织，以切面做涂片；也可用无菌解剖刀切一小口，刮取皮肤组织做涂片。以上涂片均用瑞特或吉姆萨染液染色。如涂片未见原虫，可割取小丘疹或结节，固定后，做组织切片染色检查。

（五）直肠黏膜

1. 日本血吸虫卵　用直肠镜观察后，自可疑病变处钳取米粒大小的黏膜1块，用生理盐水冲洗后，放在2个载玻片间，轻轻压平，镜检。各型血吸虫卵鉴别见表3-1-4。

表3-1-4　黏膜内未染色血吸虫卵之鉴别

活　卵	近期变性卵	死卵（钙化卵）
淡黄至黄褐色	灰白至略黄色	灰褐色至棕红
较薄	薄或不均匀	厚而不均匀
清楚	清楚	不清楚
卵黄细胞或胚团或毛蚴	浅灰色或黑色小点或折光均匀的颗粒或萎缩的毛蚴	两极可有密集的黑点含网状结构或块状结构物

2. 溶组织内阿米巴　用乙状结肠镜观察溃疡形状，自溃疡边缘或深层刮取溃疡组织置于载玻片上，加少量生理盐水，盖上盖片，轻轻压平，立即镜检。也可取出一小块病变黏膜组织，固定切片，染色检查。

（六）肺组织检查

检查卡氏肺孢子虫包囊。取一小块肺组织做涂片，自然干燥后甲醇固定，用改良银染色法进行染色。

改良银染色法染色步骤如下：① 将肺涂片置于5%铬酸，氧化15min，温度为20℃。氧化后的标本在流水中冲洗数秒。② 置1%亚硫酸氢钠中1min，自来水冲洗后，蒸馏水洗涤3~4次。③ 放入四胺银工作液内，并在60℃孵育约90min，至标本转至黄褐色为止。流水、蒸馏水各洗5min。④ 0.1%氯化金2~5min，蒸馏水洗4~5次。⑤ 2%硫代硫酸钠5min，流水至少洗10min。⑥ 亮绿复染45s。⑦ 95%、99%、100%乙醇逐级脱水。⑧ 二甲苯透明3次，树胶封片。

染色结果显示，卡氏肺孢子虫包囊呈圆形、卵圆形或不规则的多角形，囊壁为淡褐色或深褐色。红细胞为淡黄色，其余背景呈淡绿色。

（解如山）

第二节　寄生虫常用的免疫学诊断方法

一、皮内试验

利用宿主的速发型变态反应，将特异抗原液注入皮内，观测皮丘及红晕反应以判断有无特异抗体（IgE）的存在称皮内试验（intradermal test，IDT）。

皮内试验用于多种寄生虫病的检测，如血吸虫病、肺吸虫病等。最常用于血吸虫病的调查，操作简单，并且可即时观察结果，适宜现场应用。大多用粗制可溶性血吸虫虫卵抗原（稀释度为1:4000）或成虫冷浸抗原（稀释度为1:8000），其敏感性高，阳性率在93%~97%，但有部分假阳性反应（2.1%~3.5%），并且对其他寄生虫病交叉反应较高。皮内试验可用作：① 过筛方法，先做皮试，阳性者再做进一步追查；② 临床辅助诊断；③ 考核预防效果，用作检查新感染的方法，特别对儿童。

二、染色试验

染色试验（dye test，DT）是比较独特的免疫反应，是目前诊断弓形虫病较好的方法，已广泛用于该病的临床诊断和流行病学调查。

新鲜弓形虫滋养体和正常血清混合，在37℃作用1h或室温数小时后，大部分弓形虫失去原来的新月形，而变为圆形或椭圆形，用碱性亚甲蓝染色时着色很深。但新鲜弓形虫和免疫血清混合时，虫体仍保持原有形态，用碱性亚甲蓝染色时，着色很浅或不着色。其原因可能是由于弓形虫受到特异抗体和辅助因子协同作用后，虫体细胞变性，结果虫体对碱性亚甲蓝不易着色。

材料和试剂以弓形虫速殖子为抗原，采用正常人血清为致活因子。碱性亚甲蓝溶液，取亚甲蓝10g加入95%乙醇100ml，制成饱和乙醇溶液，过滤后取3ml加pH11的碱性缓冲液，要求临用时新鲜配制。待检血清经56℃ 30min灭活，冰箱保存备用。

方法将待检血清用生理盐水倍比稀释，每孔0.1ml，加上述稀释的弓形虫速殖子0.1ml，置37℃水浴1h，加碱性亚甲蓝溶液每孔0.02ml，37℃水浴15min，以每孔加悬液1滴于载玻片上，加盖玻片，高倍显微镜检查，计数100个弓形虫速殖子，统计着色和不着色速殖子比例数。

结果判定以能使50%弓形虫不着色的血清最高稀释度为该血清染色试验阳性效价。阳性血清稀释度1∶8为隐性感染，1∶256为活动性感染，1∶1024为急性感染。

三、环卵沉淀试验

环卵沉淀试验（circumoval precipitin test，COPT）是以血吸虫整卵为抗原的特异免疫血清学试验，卵内毛蚴或胚胎分泌排泄的抗原物质经卵壳微孔渗出与检测血清内的特异抗体结合，可在虫卵周围形成特殊的复合物沉淀，在光镜下判读反应强度并计数反应卵的百分率称环沉率。

1. 常规法用载玻片或凹玻片进行，加样本血清后，挑取适量鲜卵或干卵（100~150个，从感染动物肝分离），覆盖24mm×24mm盖片，四周用石蜡密封，37℃保温48h后，低倍镜观察结果，必要时需观察72h的反应结果。典型的阳性反应为泡状、指状、片状或细长卷曲状的折光性沉淀物，边缘整齐，与卵壳牢固粘连。阴性反应必须观察全片；阳性者观察100个成熟卵，计环沉率及反应强度比例。环沉率是指100个成熟虫卵中出现沉淀物的虫卵数。凡环沉率≥5%者可报告为阳性（在基本消灭和消灭血吸虫病地区环沉率≥3%者可判为阳性），1%~4%者为弱阳性。环沉率在治疗上具有参考意义。

2. 分级强度判定

"−"折光淡，与虫卵似连非连；"影状"物（外形不甚规则，低倍镜下有折光，高倍镜下为颗粒状）及出现直径＜10μm的泡状沉淀物者，皆为阴性。

"+"虫卵外周出现泡状沉淀物（＞10μm），累计面积小于虫卵面积的1/2；或呈指状的细长卷曲样沉淀物，不超过虫卵的长径。

"++"虫卵外周出现泡状沉淀物的面积大于虫卵面积的1/2；或细长卷曲样沉淀相当或超过虫卵的长径。

"+++"虫卵外周出现泡状沉淀物的面积大于虫卵本身面积；或细长卷曲样沉淀物相当或超过虫卵长径的2倍。

3. 近年来对COPT的方法做了一些改进，例如：①双面胶纸条法，将双面胶纸条制成特定的式样做COPT，可省略蜡封片法的繁琐步骤，具有操作简易、方法规范、提高工效和避免空气污染的优点。双面胶纸条法COPT（DGS-COPT）已在现场扩大应用，今后若能将该法配套干卵，则更能提高它的应用价值。②血吸虫干卵抗原片（或膜片）环卵沉淀试验，利用环卵抗原活性物质的耐热特性，将分离的纯卵超声和热处理，定量滴加、烤干固定于载玻片或预制的聚乙烯薄膜上。此种干卵膜片，保存时间较长（4℃半年），已有市售商品。试验时只需加入血清试样，湿盒孵育，判读结果与常规法相同。干卵膜片法还具有简化操作规程、提高卵抗原的规范要求，并可长期保存等优点。

COPT可作为诊断血吸虫病的血清学方法之一，及临床治疗患者的依据；可用作考核治疗和防治效果的方法，并且可作为血清流行病学调查及监测疫情的方法。

四、间接血凝试验

间接血凝试验（indirect haemagglutination test，IHA）是以红细胞做免疫配体的载体，并以红细胞凝集读数的血清学方法。最常用的红细胞为绵羊或人（O型）红细胞，来源方便。目前均用醛化红细胞，可保存6个月而不失其免疫吸附性能。

操作步骤如下。

1. 红细胞鞣化和致敏　①取醛化红细胞用 0.15mol/L、pH7.2 PBS 离心洗涤 2 次，并用 PBS 配成 2.5% 悬液；②加等量 1:2000 鞣酸溶液（鞣酸不同批号质量相差较大，必须预试测定适宜浓度）37℃孵育 20min，经常摇动；③离心去上清液，PBS 洗 1 次，再用 0.15mol/L、pH6.4 PBS 配成 10% 悬液；④每份悬液加等量适当稀释的抗原液，置于 37℃水浴箱中 30min（每 5 分钟振动 1 次），离心去上清液，pH7.2 PBS 洗 2 次，再用含 1% 正常兔血清（normal rabbit serum，NRS）的 10% 蔗糖缓冲液配成 5% 细胞悬液。加 1‰叠氮钠防腐，存 4℃或减压冻干备用，每批致敏细胞均需用已知阳性和阴性血清滴定灵敏度或特异性。阳性滴度在 1:640 以上，阴性血清不出现反应者可用。

2. 微量血凝试验　在 U 形（或 V 形）微量血凝板上，将被试血清用 1% NRS 或牛血清白蛋白（bovine serum albumin，BSA）生理盐水做倍比系列稀释，每孔含稀释血清 0.05ml。每孔加 0.01ml 致敏红细胞悬液（可用标定过的 OT 针头滴加），充分振荡摇匀，加盖于室温静置 1～2h 读取结果。

3. 根据红细胞在孔底的沉积类型而定。"－"，红细胞沉于管底，呈圆点形，外周光滑；"±"，红细胞沉于管底，周围不光滑或中心有白色小点；"＋"，红细胞沉积范围很小，呈较明显的环形圈；"＋＋"，红细胞沉积范围较小，其中可出现淡淡的环形圈；"＋＋＋"，红细胞布满管底呈毛玻璃状；"＋＋＋＋"，红细胞呈片状凝集或边缘卷曲。呈明显阳性反应（＋）的最高稀释度为该血清的滴度或效价。

目前对血吸虫病应用纯化虫卵抗原间接血凝试验。采用经 Sephadex G-100 柱层析纯化的血吸虫卵抗原致敏红细胞做 IHA，提高了方法的敏感性、特异性和重现性，为在疫区扩大应用提供了条件。

IHA 操作简便，敏感性高，适于现场使用，可作为辅助诊断患者、流行病学调查及综合查病的方法。先后在多种寄生虫感染中应用，如血吸虫、疟疾、猪囊虫、旋毛虫、肺吸虫、阿米巴、弓形虫、肝吸虫等。有些已制成商品诊断药盒。不足之处是不能提供检测抗体的亚型类别，且容易发生异常的非特异凝集。另外，抗原的标准化及操作方法规范化急待解决，以提高其诊断效果和可比性。

五、免疫荧光法

免疫荧光法（immunofluorescent method，IF）是借抗原抗体反应进行特异荧光染色的诊断技术。最常用的荧光素为异硫氰基荧光素（fluorescein isothiocyanate，FITC）。常用于寄生虫感染的荧光抗体染色有直接法与间接法。

（一）直接法

直接法用于检测抗原，其缺点是每查一种抗原必须制备与其相应的荧光标记的抗体。目前很少应用。

（二）间接法

间接法也称间接荧光抗体法（indirect fluorescent antibody method，IFA）。将抗原与未标记的特异性抗体（如患者血清）结合，然后使之与荧光标记的抗免疫球蛋白抗体（抗抗体）结合，三者的复合物可发出荧光。本法的优点是制备一种荧光标记的抗体，可以用于多种抗原、抗体系统的检查，既可用以测定抗原，也可用来测定抗体。IFA 的抗原可用虫体或含虫体的组织切片或涂片，经充分干燥后低温长期保存备用。一张载片可等距置放多个抗原位点，用以同时检测多个样本或确定滴度。

IFA的操作步骤如下：①抗原标本，用记号笔或蜡笔将各个抗原位点围圈隔离；②在每个抗原位置滴加已稀释的血清样本或样本稀释系列，使样本液充满圈内，置湿匣37℃孵育30min；③用pH8.0的0.01mol/L PBS冲洗后再置同样PBS液中浸泡5min，不时摇动，如此2遍，然后取出吹干；④在抗原位点滴加经pH8.0 PBS适当稀释的羊抗人IgG荧光抗体（每批结合物的工作浓度需经滴定），使完全覆盖抗原膜，置湿盒37℃孵育30min；⑤经洗涤（同③）后用0.1‰伊文思蓝液复染10min，然后以PBS流水冲洗0.5～1min，风干；⑥用pH8.5或pH8.0碳酸（或磷酸）缓冲甘油封片，也可加一小滴PBS（pH8.0）覆以盖片镜检。镜检应及时进行以防免疫光衰变。可使用荧光光源或轻便荧光光源，配以适合的激发滤片和吸收滤片，在低倍或高倍镜下检查。以见有符合被检物形态结构的黄绿色清晰荧光发光体、而阴性对照不可见者为阳性反应。根据荧光亮度及被检物形态轮廓的清晰度把反应强度按5级区别（＋＋＋，＋＋，＋，±，－）。＋以上的荧光强度为阳性。

该法具有较高的敏感性、特异性和重现性，应用抗原经济。国内外广泛应用于寄生虫病的血清学诊断方法、血清流行病学调查和监测疫情的方法，如主要用于诊断疟疾、丝虫病及血吸虫病，也有用于肺吸虫病、华支睾吸虫病、包虫病及弓形虫病的血清学诊断。

近10年来，国内学者对IFA进行了很多改进。李允鹤等（1984，1988）通过深入研究，确定了感染鼠肝细胞内虫卵冰冻切片为IFA较为理想的诊断抗原。该法需用荧光显微镜判断结果，限制了它的应用范围。但是应用该法时必须具备荧光抗体，目前国内已有商品供应，这为IFA的扩大应用，提供了条件。

六、对流免疫电泳试验

对流免疫电泳试验（counter immunoelectrophoretic assay，CIE）是以琼脂或琼脂糖凝胶为基质的一种快速、敏感的电泳技术。

对流电泳较简单的扩散法和常规免疫电泳法敏感10～20倍，省时，省料，可用已知抗原检测抗体或相反，反应结果特异，阳性反应的可信度高，适用范围广。近年来本法的改进已试用酶或放射标记的反应配体，如酶标记抗原对流免疫电泳（enzyme-linked antigen counter immunoelectrophoresis，ELACIE）、放射对流免疫电泳自显影术（radio counter immunoelectrophoretic autography，RCIEA）等，以克服电泳技术本身不够灵敏的弱点，国内在血吸虫病、肺吸虫病免疫诊断方面已获良好结果。国外报道应用于阿米巴病、锥虫病、棘球蚴病、旋毛蚴病、血吸虫病等血清学诊断。

七、酶联免疫吸附试验

酶联免疫吸附试验（enzyme-linked immunosorbent assay，ELISA）简称酶联试验，已广泛用于多种寄生虫感染的宿主体液（血清、脑脊液等）及排泄分泌物（尿、乳、粪便等）内特异抗体或抗原微粒的检测。根据检测要求，试验可分多种类型，常用试验类型有：用于检测抗体的间接法、检测IgM的双夹心法、检测抗原的双抗体夹心法、以固相抗体检测抗原的竞争法及竞争抑制法等。

酶联免疫吸附试验的方法根据所用载体、酶底物系统、观察反应结果等不同而有很大差别。目前最常用的固相载体为聚苯乙烯微量滴定板，具有需样少、敏感、重演性好、使用方便等优点。酶底物系统也有多种，常用的有辣根过氧化物酶-邻苯二胺（HRP-OPD）、碱性磷酸酶-硝酚磷酸盐（AKP-PNP）等，具有较好的生物放大效应。其中HRP由于价廉、易得而被广泛应用。

酶联免疫吸附试验的基本操作过程可分为：①固相包被；②温育洗涤；③加样；④酶结合物反应；⑤底物显色；⑥终止反应读取结果等若干步骤。温育和洗涤需贯穿在每两步骤之间，用以去除多余的反应物。以下为临床上最常用的间接法（检测抗体）和双抗体夹心法（检测抗原）的操作程序。

1. 间接法

(1) 以包被液（碳酸钠-碳酸氢钠缓冲液 0.05mol/L，pH9.6）稀释抗原（常用 5~10μg/ml），每孔 0.1ml（或 0.2ml）包被反应板，37℃湿盒温育 2~3h 或 4℃过夜。

(2) 弃去包被液，反应板用去离子水或 PBS-Tween 液（0.005mol/L PBS 含 0.05% Tween-20）冲洗 3 次，甩干。

(3) 用样本稀释液（0.05mol/L PBS 含 0.05% Tween-20）适当稀释样本，每孔加稀释好的样本 0.1（或 0.2）ml，温育 1h。

(4) 弃去样液，如上冲洗，甩干加酶结合物每孔 0.1ml（或 0.2ml），温育 1~2h。

(5) 如上冲洗甩干后即刻加入新鲜配制的底物系统，每孔 0.1ml（或 0.2ml），置暗盒室温 15min；

(6) 终止反应。HRP-OPD 系统每孔加 1mol/L H_2SO_4 50μl。

(7) 目测或用分光光度计在 400μm 波段测定吸收值来判断。

2. 双抗体夹心法

(1) 以包被液稀释抗体（如兔抗血吸虫虫卵可溶性抗原的抗体，抗 SEA-IgG）包被反应板（1~1000μg/ml），方法同间接法包被抗原。

(2) 冲洗，甩干，加样温育同前。

(3) 加结合物（例如抗 SEA-IgG-HRP），适宜工作浓度需先经方阵滴定确定。

(4) 以下各步同间接法。

若包被抗体与第二抗体来自不同种的供体，则可应用市售抗免疫球蛋白结合物。例如包被抗体为羊抗 SEA，二抗用兔抗 SEA，则在未标记的二抗温育洗涤后加羊抗兔 IgG 结合物（GAP-HRP）。

酶联免疫吸附试验为高灵敏检测技术，结果可定量表示，可检测抗体、抗原或特异性免疫复合物。微量滴定板法消耗样本试剂少，能供全自动操作，适用批量样本检测，因此，在寄生虫感染的研究和诊断领域乃至血清流行病学均被广泛应用。国内外有多种寄生虫感染的酶联药剂出售，包括血吸虫病、弓形虫病、阿米巴病、丝虫病、蛔虫病、旋毛虫病和犬蛔虫病等，ELISA 可用作辅助诊断患者、血清流行病学调查和监测疫情的方法。酶联免疫吸附试验操作程序的简单快速不如 IHA，但方法具有很大的改良潜力和适应范围。判断结果需用分光光度计，限制了扩大应用；另外，应用抗原及酶结合物尚需进一步标准化，操作方法也应规范化。

近年来已有多种改进的酶联免疫吸附试验，例如：①快速-ELISA：改进特点为用 PVC 薄膜代替聚苯乙烯微量反应板作载体，将 1% 可溶性血吸虫卵抗原与尿素溶解性血吸虫卵抗原等量相混合预吸附于薄膜上，用抗人 IgG McAb 代替羊抗人 IgG 制备酶结合物，用底物 TMB 代替 OPD。该法主要以目视法判断结果，整个操作流程仅需 20min 左右。②硫酸铵沉淀抗原-ELISA：可溶性血吸虫卵抗原经饱和硫酸铵沉淀后用作 ELISA 诊断抗原；在系列实验基础上，使操作方法达到规范化；用质量控制图控制检测差异，并以标准曲线单位判断结果；缩短检测时间，节省试液用量，提高了敏感性、特异性和重现性。

八、斑点 ELISA

斑点 ELISA（dot-ELISA）是近年新发展的一种 ELISA 技术，选用对蛋白质有很强吸附能力的硝酸纤维素薄膜作固相载体，底物经酶促反应后形成有色沉淀物使薄膜着色，然后目测或用光密度扫描仪定量。dot-ELISA 可用来检测抗体，也可用来检测抗原，由于该法检测抗原时操作较其他免疫学试验简便，故目前多用于抗原检测。

操作方法将待检血清作 1∶1～1∶20 稀释，用微量加样器将 1μl 血清点滴于硝酸纤维素膜（NC）上，置于 70℃经 1h，将 NC 浸于 1% BSA-PBS 中，室温摇荡 1h，洗涤 2 次，加 1∶1000 稀释的 McAb 酶标志物，室温摇荡 2h，洗涤 3 次后，加底物 3,3'- 二氨基联苯胺或 4 氯 -1- 乙萘酚，15min 后，流水终止反应，以目视法判断结果。凡显示棕色斑点者为阳性，否则为阴性。以产生棕色斑点反应的最高稀释度为抗原滴度。

该法简易、快速，适合于现场应用，有广阔的应用前景。现有的资料初步证明具有诊断患者和考核治疗效果的作用，国内已用于血吸虫病、疟疾、丝虫病、棘球蚴病的诊断。国内学者曾比较 dot-ELISA 和双抗体夹心 ELISA 用于检测班氏丝虫病患者循环抗原。采用相同的单克隆抗体和患者血清进行两种方法对比试验。结果显示两种方法检测的特异性均＞95%，但是它们的敏感性有明显不同，dot-ELISA 能检测出血清中 0.055ng/ml 微丝蚴抗原，而双抗体夹心 ELISA 仅能测出≥10ng/ml 抗原；并且前者不需要特殊的设备，适用于丝虫病流行区。另有报告用单克隆抗体－抗原斑点试验（McAb-AsT）检测血清抗原诊断黑热病，效果较为满意，方法上进一步简化，加样以原浓度血清反应，效果最佳。国外还用于旋毛虫病、丝虫病、弓形虫病及肺孢子虫病的血清学诊断方法。

九、免疫酶染色试验

免疫酶染色试验（immunoenzymic staining test，IEST）是以含寄生虫病原的组织切片、印片或培养物涂片用作抗原，进行过氧化物酶特异性免疫染色后在光镜下检测样本中的特异抗体。在蠕虫和原虫感染中均有多种应用。

操作过程中抗原组织做冰冻（5～10μm）或石蜡连续切片（4～8μm）排列于载玻片，经丙酮固定贮存于-20℃备用。原虫纯培养亦可制成分隔涂片，方法同荧光染色法抗原制片。试验时先将抗原片在稀释的过氧化氢溶液浸泡 15min，除去可能存在于组织中的内源性过氧化物酶；抗原片用 PBS 冲洗后经 Tris 缓冲液（PBS，pH7.6）稀释 10 倍的正常兔或羊血清培育 10min，迅速以 PBS 洗涤后加检测样本（单个或系列稀释度），置湿盒室温（20～25℃）或 37℃培育 30min；PBS 洗涤 3 次，每次 5min，然后加兔或羊抗人过氧化物酶结合物（参照 ELISA 法），结合物中可加入所用抗原组织片供体动物的血清，用以阻断可能的交叉反应，降低背景色度；抗原片以 PBS 洗涤 3 次后加联苯胺（DAB）底物溶液（饱和联苯胺液加等量 pH7.6 硼酸缓冲液，用前按 9∶1 体积加入 0.1% H_2O_2 液），室温显色 10～15min 后在光镜下观察反应结果。

反应标准："－"，组织内抗原部位不呈现棕红色；"＋"，组织内抗原部位（如血吸虫肝卵切片中的虫卵）呈现棕红色；"＋＋"，局部呈现清晰的棕红色；"＋＋＋"，呈现非常清晰的棕红色。

该法简单，节省抗原；判断结果不需要特殊仪器；适合于现场应用。IEST可用作辅助诊断患者、考核疗效、血清流行病学调查及监测疫情。目前主要应用于血吸虫病、丝虫病及囊虫病的诊断，也可用来诊断华支睾吸虫病、肺吸虫病、包虫病和弓形虫病。

目前对该方法的改进有：①用感染鼠肝组织内虫卵制成7μm厚度冷冻切片（或石蜡切片）作为诊断用固相抗原代替可溶性血吸虫卵抗原做IEST，具有取材容易和应用抗原经济的优点。②将冰冻切片置于载玻片上，可以反复使用载玻片，较一次性的PVC薄膜/苯氯乙烯反应板价廉，显著降低了检测费用。③判断结果时，应用普通光镜即可。染色标本不必即时检查，可保存很长时间，便于复查。④阳性血清作最高滴度，可定量抗体水平，用作考核疗效及防治效果的指标。⑤IEST的反应基本原理与COPT相似，但前者应用切片虫卵代替了COPT的整个干卵，前法反应快速（1.5～2h）而后法较缓慢（48～72h）。因此，IEST弥补了COPT诊断时，漏检患者和取得结果不快速的缺陷。病鼠肝组织内虫卵冰冻切片抗原IEST，目前已在疫区扩大应用。现已研制成试剂盒，批量生产，供应现场使用。

十、免疫印迹试验

免疫印迹试验（immunoblot或Western blot）是由十二烷基硫酸钠-聚丙烯酰胺凝胶电泳（SDS-PAGE）、电泳转印及标记免疫试验3项技术结合而成的一种新型的免疫探针技术，是用于分析蛋白质抗原和鉴别生物学活性抗原组分的有效方法，近年已应用于检测寄生虫感染宿主体液内针对某分子量抗原的相应循环抗体成分或谱型。这是一种高敏感和高特异的诊断方法，具有很大的发展潜力。用于诊断的免疫印迹试验采用酶标记的探针（即二抗及其标记结合物），更为安全方便，称酶免疫转移印迹试验（enzyme immuno-transfer blotting，EITB）。

EITB用作鉴定寄生虫抗原的特定组分蛋白及诊断寄生虫病的方法，在国外已成功地用于艾滋病的常规诊断，并且在疟原虫、弓形虫、血吸虫、肺吸虫、包虫等的研究分析方面有很多报道。国内用于检测包虫病患者的血清抗体也获良好结果，初步应用于血吸虫感染现场调查，用上述抗原及操作程序可检示特异的抗肠相关31/32kD诊断蛋白抗体的条带，呈现特异性和敏感性。用本法对感染宿主不同病期抗体谱型的研究，可望获得有效化疗后早期隐退的特异条带。批量制备抗原分离的薄膜条带，有可能成为适用于现场查病的特异性诊断药盒，是一项具有诊断潜能的新技术。

十一、杂交瘤技术制备单克隆抗体

经过10多年的研究，单克隆抗体（monoclonal antibody，McAb）已广泛用于寄生虫病的临床与实验研究。例如，寄生虫虫种与虫株的分型和鉴定；建立以检测循环抗原为主的免疫诊断方法；分析和纯化抗原，制备靶抗原；以及寄生虫感染免疫、保护性免疫和虫苗制备等方面。目前，国内外有报告，McAb用于疟疾、弓形虫病、血吸虫病、肺吸虫病、棘球蚴病、丝虫病等方面。有关McAb在疟疾中的应用，如对虫种、虫株的鉴定与分型，通过采用McAb对环孢子蛋白（circumsporozoite protein，CSP）抗原及裂殖体糖蛋白进行研究，为疟原虫分型鉴定提供了新的依据；单克隆抗体的应用又为提高临床免疫诊断价值提供了极好的工具。近年来，国内已有报道采用McAb双夹心斑点金银染色法和双夹心斑点酶联免疫吸附试验以检测疟原虫循环抗原，阳性率分别达90%～93.3%和85%～86.7%，具有较高的特异性和重复性。另外，研究发现某些抗子孢子、裂殖体（子）和配子体的单克隆抗体具有保护作用。保护性 McAb 的发现不仅为制备虫苗的靶抗原提供了条件，而且为进行被动免疫开辟了途径。

在血吸虫病方面，单克隆抗体已应用于血吸虫抗原分析、免疫学诊断和保护性免疫研究，国内外均已报道采用检测血吸虫循环抗原，如 Sj23、Sm38、Sj70 等抗原，其阳性率在 90%~97%，交叉反应低且有良好的疗效考核价值。有关保护性免疫研究方面，主要集中在分子量分别为 28 000 和 38 000 的抗原，现有资料初步表明以 McAb 提纯的 28 000 抗原免疫大白鼠后，可获得 70% 的保护率。

在丝虫病方面，应用杂交瘤技术已制备出识别马来微丝蚴表面分子量分别为 70 000、75 000、110 000 等抗原的 McAb，某些 McAb 能介导巨噬细胞黏附于微丝蚴表面，引起虫体死亡。将这些 McAb 被动转移给受体动物，在体内能降低微丝蚴血症。

十二、DNA 探针技术

DNA 探针技术，又称核酸分子杂交技术，是最近几年迅速发展起来的一种敏感性高、特异性强、应用面广的研究手段。在寄生虫病诊断中，探针是病原体的特异核酸序列，可用来检测出病原体是否存在，其关键环节在于获得特异的核酸探针。近 10 年来应用特异的核酸探针鉴定寄生虫和诊断寄生虫病的研究报道较多。现有资料表明，DNA 探针检测，其特异性和敏感性高；并且 DNA 探针是直接检测寄生虫的基因，故比血清学方法可靠；又因探针 DNA 较稳定，在适合条件下可较长期地保存；在试验条件不变时试验结果的重演性较好。在寄生虫病的诊断、现场调查、寄生虫种的鉴定及分类等方面的研究中均已使用了 DNA 探针技术，内容包括原虫、吸虫、线虫、绦虫、昆虫的鉴定和致病的诊断。另外，核酸探针已成功地用于许多传播媒介体内寄生虫的鉴定，但是大多尚在实验阶段。总之，DNA 探针技术可望用作高效和准确的寄生虫病诊断方法。

十三、聚合酶链反应技术

检测病原体遗传物质用以诊断寄生虫病的方法，除分子杂交技术外，新近发展的更灵敏、快速并且不需要同位素标记的基因扩增技术，如聚合酶链反应（polymerase chain reaction，PCR），是一种体外扩增特异性 DNA 的技术。

现已将 PCR 技术用于寄生虫病诊断，如锥虫病、利什曼病、肺孢子虫病、肠球虫病、贾第虫病、弓形虫病等。在一些疾病中，有时原虫数量极少，用一般方法无法检测，经 PCR 扩增 DNA 模板，提供了一条解决诊断的途径。如在检测锥虫时，PCR 扩增纯化 DNA 可使探针检测到血样中 1 个虫体；国内建立了弓形虫病 PCR 诊断方法，具有高度特异、敏感且快速的优点。今后在寄生虫学领域中将会更广泛深入地开展 PCR 技术的应用。

（张思英）

复　习　题

（一）名词解释
1. 宿主
2. 机会致病原虫
3. 生活史
4. 消除性免疫
5. 非消除性免疫
6. 自体体内重复感染
7. 寄生虫
8. 疟原虫红细胞外期
9. 疟原虫红细胞内期
10. 旅游者腹泻

（二）填空题
1. 两种生物生活在一起，其中一种生物从中获利、生存，这种生物称_____。
2. 有些寄生虫不能离开宿主独立生活，这种寄生虫称_____。
3. 寄生虫的成虫或有性阶段寄生的宿主称_____。
4. 寄生虫对人体造成的三大危害是_____、_____、_____。
5. 寄生虫对宿主的机械性损伤有_____、_____、_____。
6. 医学寄生虫的侵入途径主要有_____。
7. 寄生虫的生活史可分_____和_____两种类型，主要根据是否需要中间宿主划分。
8. 生活史过程中不需要中间宿主的线虫有_____、_____、_____、_____。
9. 似蚓蛔线虫成虫主要寄生在人体的_____内。
10. 受精蛔虫卵的特点是棕黄色、宽椭圆形、表面有凹凸不平的_____，卵壳厚、内含1个大而圆的_____，卵细胞与卵壳之间有半月形间隙。
11. 蠕形住肠线虫成虫前端角皮膨大形成特征性的_____，咽管末端膨大呈球形，称为_____。
12. 蠕形住肠线虫成虫通常在宿主入睡后_____在肛周产卵，所以蛲虫病最常用的实验诊断方法为_____，检查时间应在清晨起床排便前。
13. 钩虫的感染阶段为_____，感染方式主要为经_____感染。
14. 钩虫幼虫对人的危害主要是引起_____和_____。
15. 钩虫成虫寄生在人体可引起_____和_____。
16. 钩虫成虫主要寄生在人体的_____上段，以钩齿或板齿附着在肠黏膜上。
17. 诊断旋毛虫病最常用的病原学方法是肌肉活组织检查，查出旋毛形线虫_____即可确诊。

18. 丝虫成虫产_____，白天滞留在肺部毛细血管中，夜晚则出现在外周血液中，这种现象称_____。

19. 晚期丝虫病的主要症状为_____、_____和_____。

20. 华支睾吸虫的感染是由于人食入淡水鱼、虾中的_____。

21. 布氏姜片吸虫的感染阶段为_____，感染方式为_____感染。

22. 布氏姜片吸虫卵是人体寄生虫中最大的_____。

23. 布氏姜片吸虫的诊断阶段为_____和_____。

24. 日本血吸虫寄生于人及多种哺乳动物的_____，而虫卵随脓血便排出体外。

25. 日本血吸虫的致病阶段有____、____、____、____。其中对人危害最大的是____。

26. 日本血吸虫虫卵沉积在组织器官中引起的基本病理变化为_____。

27. 日本血吸虫病所特有的免疫学诊断方法为_____和_____。

28. 链状带绦虫头节呈圆球形，其上有_____和_____。

29. 皮下型囊虫病的病原学诊断方法为_____。

30. 典型疟疾发作的临床表现为_____、_____和_____。

(三) 选择题

1. 寄生虫幼虫或无性阶段寄生的宿主称

A. 终宿主

B. 保虫宿主

C. 中间宿主

D. 延续宿主

E. 以上都不是

2. 寄生虫哪些抗原成分可诱导变态反应

A. 仅有线虫的蜕皮液

B. 仅有绦虫的囊液

C. 仅有代谢产物

D. 仅有表膜和虫体内抗原

E. 以上都是

3. 影响寄生虫病流行的主要自然因素是

A. 温度和湿度

B. 仅与湿度有关

C. 与湿度无关

D. 与雨量无关

E. 仅与雨量有关

4. 有些寄生虫的成虫除能寄生于人体外，还可寄生于某些脊椎动物体内，这些动物可成为人体寄生虫病传播的来源，故称这些动物为

A. 终宿主

B. 保虫宿主

C. 中间宿主

D. 转续宿主

E. 传播媒介

5. 人体寄生虫的感染阶段是

A. 感染保虫宿主的阶段

B. 感染动物中间宿主的阶段

C. 感染动物延续宿主的阶段

D. 感染医学节肢动物的阶段

E. 感染人体的阶段

6. 似蚓蛔线虫的感染阶段为

A. 蛔虫受精卵

B. 未受精蛔虫卵

C. 感染期蛔虫卵

D. 丝状蚴

E. 蛔虫受精卵、未受精卵

7. 似蚓蛔线虫的感染方式为

A. 经口

B. 经皮肤

C. 输血感染

D. 直接接触

E. 媒介昆虫叮咬

8. 似蚓蛔线虫幼虫对人的危害主要是

A. 肺部损伤

B. 消化道症状

C. 肝炎

D. 血管炎

E. 合并症

9. 除下列哪项外均为似蚓蛔线虫的并发症

A. 胆道蛔虫病

B. 肠梗阻

C. 阑尾炎

D. 肠穿孔

E. 消化功能紊乱

10. 蛔虫病最常用的实验诊断方法为

A. 直接涂片法

B. 肛门拭子法

C. 尼龙袋集卵法

D. 自然沉淀法

E. 饱和盐水漂浮法

11. 幼虫期能引起肺部损害的寄生虫为

A. 毛首鞭形线虫

B. 蠕形住肠线虫

C. 似蚓蛔线虫

D. 丝虫

E. 猪巨吻棘头虫

12. 蠕形住肠线虫的感染阶段为

A. 感染期卵

B. 蛲虫幼虫

C. 杆状蚴

D. 丝状蚴

E. 微丝蚴

13. 关于蠕形住肠线虫卵的描述，下列哪项是错误的

A. 无色透明

B. 两侧不对称，一侧扁平，一侧稍凸

C. 卵自虫体排出时，卵内胚胎已发育至蝌蚪期

D. 感染期卵内含一条盘曲的幼虫

E. 卵壳外有凹凸不平的蛋白膜

14. 人体感染蠕形住肠线虫的主要症状为

A. 贫血

B. 肠梗阻

C. 消化功能紊乱

D. 阴道炎、子宫内膜炎

E. 肛门及会阴部皮肤瘙痒

15. 下列哪种寄生虫可自体感染

A. 似蚓蛔线虫

B. 钩虫

C. 旋毛形线虫

D. 蠕形住肠线虫

E. 毛首鞭形线虫

16. 虫卵两端有透明栓的寄生虫为

A. 似蚓蛔线虫

B. 蠕形住肠线虫

C. 毛首鞭形线虫

D. 钩虫

E. 猪巨吻棘头虫

17. 毛首鞭形线虫的诊断阶段为

A. 虫卵

B. 杆状蚴

C. 丝状蚴

D. 鞭虫幼虫

E. 以上都不是

18. 毛首鞭形线虫的主要致病机制为

A. 夺取营养

B. 幼虫移行时对组织造成的损害作用

C. 虫体代谢产物所致变态反应

D. 成虫的特殊产卵习性

E. 成虫利用前端插入肠黏膜及黏膜下层，以组织液和血液为食，导致局部黏膜炎症

19. 鞭虫病最常用的实验诊断方法为

A. 直接涂片法

B. 免疫诊断法

C. 肠黏膜活检

D. 透明胶纸法

E. 以上都不是

20. 确诊钩虫病最常用、阳性率高的方法是

A. 饱和盐水漂浮法

B. 直接涂片法

C. 自然沉淀法

D. 肛门拭子法

E. 肠黏膜活组织检查

21. 钩虫卵的特点为

A. 无色透明

B. 椭圆形

C. 排出不久的卵内含 4～8 个卵细胞

D. 卵壳与卵细胞间有明显的间隙

E. 以上都是

22. 生活史中幼虫需经肺部移行的寄生虫为

A. 蠕形住肠线虫

B. 猪巨吻棘头虫

C. 钩虫

D. 丝虫

E. 毛首鞭形线虫

23. 幼虫阶段能引起皮肤损害的线虫有

A. 似蚓蛔线虫

B. 毛首鞭形线虫

C. 旋毛形线虫

D. 钩虫

E. 丝虫

24. 口囊内有一对半月形板齿的寄生虫为

A. 十二指肠钩口线虫

B. 美洲板口线虫

C. 似蚓蛔线虫

D. 蠕形住肠线虫

E. 毛首鞭形线虫

25. 钩虫吸血时，咬附部位伤口不易凝血，是由于

A. 口囊内钩齿的作用

B. 口囊内板齿的作用

C. 分泌抗凝素

D. 成虫机械刺激作用

E. 成虫代谢产物所致过敏反应

26. 能引起人体贫血的寄生虫有

A. 丝虫

B. 钩虫

C. 旋毛形线虫

D. 卫氏并殖吸虫

E. 蠕形住肠线虫

27. 钩虫病的防治原则为

A. 治疗患者和带虫者

B. 管理好粪便，粪便无害化

C. 加强个人防护，减少感染机会

D. 治疗患者的同时补充铁剂、维生素

E. 以上都是

28. 十二指肠钩口线虫的感染方式为

A. 经口

B. 经皮肤

C. 输血感染

D. 媒介昆虫叮咬

E. 主要经皮肤，有时可经口感染

29. 哪种寄生虫的幼虫具有夜现周期性

A. 蠕形住肠线虫

B. 丝虫

C. 钩虫

D. 旋毛形线虫

E. 似蚓蛔线虫

30. 丝虫的感染阶段为

A. 丝状蚴

B. 微丝蚴

C. 杆状蚴

D. 囊蚴

E. 囊尾蚴

31. 丝虫的感染方式为

A. 经口

B. 输血

C. 经皮肤

D. 媒介昆虫叮咬

E. 直接接触

32. 诊断班氏丝虫病，何时采血检出率最高

A. 晚 10 时至次晨 2 时

B. 晚 8 时至次晨 4 时

C. 晚 6 时至晚 10 时

D. 清晨空腹采血

E. 白天任何时候均可以采血

33. 下列哪项不是丝虫病的病原学诊断方法

A. 厚血膜法

B. 新鲜血滴检查法

C. 乙胺嗪白天诱出法

D. 骨髓穿刺

E. 微丝蚴浓集法

34. 可引起丹毒样皮炎的寄生虫为

A. 旋毛形线虫

B. 日本血吸虫

C. 钩虫

D. 丝虫

E. 卫氏肺吸虫

35. 实验诊断中哪期对鉴别班氏吴策线虫和马来布鲁线虫虫种具有重要意义

A. 微丝蚴

B. 丝状蚴

C. 杆状蚴

D. 腊肠期蚴

E. 虫卵

36. 以下哪项不属于吸虫的形态结构特征

A. 有口吸盘和腹吸盘

B. 多为雌雄同体

C. 虫体两侧对称

D. 无消化道

E. 无体腔

37. 人体寄生虫中最小的蠕虫卵是

A. 华支睾吸虫卵

B. 卫氏并殖吸虫卵

C. 日本血吸虫卵

D. 布氏姜片吸虫卵

E. 斯氏狸殖吸虫卵

38. 华支睾吸虫成虫寄生于人体哪个部位

A. 肝

B. 肠系膜静脉

C. 腹腔

D. 肝胆管

E. 肺

39. 华支睾吸虫的诊断阶段是

A. 虫卵

B. 毛蚴

C. 胞蚴

D. 雷蚴

E. 尾蚴

40. 华支睾吸虫感染人体的方式为

A. 经口感染

B. 经皮肤感染

C. 经媒介昆虫叮咬

D. 经输血

E. 先天性感染

41. 以下哪项不是华支睾吸虫的传染源

A. 患者

B. 带虫者

C. 淡水鱼

D. 猫

E. 犬

42. 除查粪便外，华支睾吸虫的病原学诊断方法还有

A. 呕吐物查成虫

B. 肛门拭子法

C. 间接血凝试验

D. 酶联免疫吸附试验

E. 十二指肠引流法

43. 以下何种方法只能用于华支睾吸虫的辅助诊断而不能确诊

A. 加藤法

B. 粪便水洗沉淀法

C. 间接血凝法

D. 乙醚蚁醛法

E. 十二指肠引流法

44. 含有布氏姜片吸虫囊蚴的水生植物称为

A. 植物媒介

B. 第一中间宿主

C. 第二中间宿主

D. 保虫宿主

E. 转续宿主

45. 确诊布氏姜片吸虫病的依据是

A. 腹痛、腹泻

B. 外周血嗜酸性粒细胞增高

C. 消瘦、水肿、全身无力

D. 有生食水生植物的习惯

E. 粪便检查发现虫卵

46. 卫氏并殖吸虫的主要形态特征为

A. 呈葵花籽状

B. 睾丸与子宫并列

C. 卵巢与卵黄腺并列

D. 口、腹吸盘并列

E. 二睾丸并列、卵巢与子宫并列

47. 卫氏并殖吸虫的感染阶段为

A. 虫卵

B. 囊蚴

C. 尾蚴

D. 囊尾蚴

E. 毛蚴

48. 卫氏并殖吸虫病的病原学诊断为

A. 人痰液查成虫

B. 粪便查成虫

C. 痰液和粪便查虫卵

D. 尿液查虫卵

E. 十二指肠液查虫卵

49. 关于日本血吸虫形态和结构的描述正确的是

A. 虫体背腹扁平

B. 雌雄异体

C. 有完整的消化道

D. 有2个分支的睾丸

E. 口吸盘位于虫体的前端,腹吸盘位于虫体的中部

50. 尾蚴尾部分叉的吸虫为

A. 人华支睾吸虫

B. 布氏姜片吸虫

C. 卫氏并殖吸虫

D. 斯氏狸殖吸虫

E. 日本血吸虫

51. 没有卵盖的吸虫卵为

A. 日本血吸虫卵

B. 华支睾吸虫卵

C. 卫氏并殖吸虫卵

D. 布氏姜片吸虫卵

E. 斯氏狸殖吸虫卵

52. 以尾蚴为感染阶段的吸虫是

A. 华支睾吸虫

B. 布氏姜片虫

C. 卫氏并殖吸虫

D. 斯氏狸殖吸虫

E. 日本血吸虫

53. 日本血吸虫的保虫宿主是

A. 急性血吸虫病患者

B. 慢性血吸虫病患者

C. 牛、鼠、羊等哺乳动物

D. 鸡、鸭等禽类

E. 以上均不是

54. 日本血吸虫在人体中移行，需经过以下哪个部位发育为成虫

A. 胃

B. 小肠

C. 结肠

D. 肺

E. 横膈

55. 日本血吸虫成虫寄生于人体的哪个部位

A. 肝

B. 小肠

C. 肠系膜动脉

D. 肠系膜静脉

E. 直肠、乙状结肠

56. 日本血吸虫对人的危害主要是由于虫卵

A. 机械性阻塞血管

B. 作为异物，刺激周围组织发生炎症

C. 分泌的可溶性虫卵抗原导致虫卵肉芽肿

D. 沉积在组织、器官中压迫周围组织

E. 虫卵死亡后造成周围组织的变态反应

57. 日本血吸虫虫卵主要沉积于人体的哪个部位

A. 肝

B. 小肠肠壁

C. 膀胱组织

D. 结肠肠壁

E. 肝和结肠肠壁

58. 人感染日本血吸虫是由于皮肤接触

A. 急性血吸虫病患者的粪便

B. 慢性血吸虫病患者的粪便

C. 晚期血吸虫病患者的粪便

D. 水中的日本血吸虫尾蚴

E. 水中的日本血吸虫毛蚴

59. 日本血吸虫引起人肝硬化为

A. 淤血性肝硬化

B. 干线型肝硬化

C. 胆汁型肝硬化

D. 肝门静脉性肝硬化

E. 坏死性肝硬化

60. 日本血吸虫的传染源主要为

A. 急性血吸虫病患者

B. 病牛

C. 含尾蚴的水体

D. 钉螺

E. 患者和病牛

61. 毛蚴孵化法可用于确诊

A. 华支睾吸虫病

B. 卫氏并殖吸虫病

C. 斯氏狸殖吸虫病

D. 日本血吸虫病

E. 布氏姜片吸虫病

62. 肠黏膜活组织检查可用于确诊

A. 布氏姜片吸虫病

B. 日本血吸虫病

C. 斯氏狸殖吸虫病

D. 华支睾吸虫病

E. 卫氏并殖吸虫病

63. 关于绦虫形态的描述，错误的是

A. 虫体背腹扁平

B. 虫体分节

C. 雌雄异体

D. 无消化道

E. 头节上有吸盘或吸槽等固着器官

64. 通过夺取营养造成人体损害的寄生虫主要是

A. 链状带绦虫囊尾蚴

B. 肥胖带绦虫

C. 华支睾吸虫

D. 斯氏狸殖吸虫童虫

E. 卫氏并殖吸虫

65. 链状带绦虫的感染阶段为

A. 虫卵

B. 囊尾蚴

C. 似囊尾蚴

D. 虫卵与囊尾蚴

E. 虫卵与似囊尾蚴

66. 链状带绦虫对人危害最大的阶段是

A. 成虫

B. 虫卵

C. 囊尾蚴

D. 似囊尾蚴

E. 六钩蚴

67. 人既可作为中间宿主，又可作为终宿主的寄生虫是

A. 链状带绦虫

B. 肥胖带绦虫

C. 华支睾吸虫

D. 布氏姜片吸虫

E. 日本血吸虫

68. 食入生猪肉可能患

A. 囊虫病

B. 猪带绦虫病

C. 华支睾吸虫病

D. 布氏姜片吸虫病

E. 日本血吸虫病

69. 关于链状带绦虫成虫的描述，正确的是

A. 虫体乳白色，长 4～8m

B. 虫体由 1000～2000 节组成

C. 头节呈方形，有吸盘、顶突

D. 成节卵巢分左、右 2 叶

E. 孕节的子宫侧支数为 7～13 支

70. 引起人眼部病变的寄生虫为

A. 华支睾吸虫

B. 链状带绦虫

C. 布氏姜片吸虫

D. 肥胖带绦虫

E. 链状带绦虫囊尾蚴

71. 确诊猪带绦虫病的诊断方法主要是

A. 粪便直接涂片法查虫卵

B. 饱和盐水漂浮法查虫卵

C. 粪便水洗沉淀法查虫卵

D. 检获粪便中的孕节，观察子宫侧支数

E. 以上均不是

72. 预防链状带绦虫感染的关键是

A. 加强粪便管理

B. 加强肉类检疫

C. 改进养猪方法

D. 治疗患者

E. 改进不良的饮食习惯，注意饮食卫生

73. 除哪种绦虫外，均可通过孕节或虫卵检查诊断

A. 细粒棘球绦虫

B. 牛带绦虫

C. 微小膜壳绦虫

D. 猪带绦虫

E. 曼氏迭宫绦虫

74. 检查溶组织内阿米巴包囊用的方法是

A. 碘液涂片法

B. 饱和盐水浮聚法

C. 离心沉淀法

D. 生理盐水涂片法

E. 薄厚血膜涂片法

75. 溶组织内阿米巴的感染方式为

A. 经皮肤

B. 经口

C. 经媒介昆虫

D. 接触

E. 经胎盘

76. 溶组织内阿米巴生活史的基本过程是

A. 肠腔内滋养体→组织内滋养体→肠腔内滋养体

B. 包囊→肠腔内滋养体→包囊

C. 肠腔内滋养体→包囊→肠腔内滋养体

D. 肠腔内滋养体→组织内滋养体→肠腔内滋养体→包囊

E. 包囊→肠腔内滋养体→组织内滋养体

77. 人体感染溶组织内阿米巴后，大多数表现为

A. 带囊状态

B. 阿米巴痢疾

C. 阿米巴肝脓肿

D. 阿米巴肺脓肿

E. 阿米巴脑脓肿

78. 最常见的肠外阿米巴病为

A. 阿米巴肝脓肿

B. 阿米巴肺脓肿

C. 阿米巴脑脓肿

D. 皮肤型阿米巴病

E. 原发性阿米巴脑膜脑炎

79. 可能检出溶组织内阿米巴包囊的标本是

A. 成形粪便

B. 脓血黏液便

C. 肝脓肿穿刺液

D. 脓血痰液

E. 肺脓肿穿刺液

80. 确诊阿米巴痢疾患者的主要依据是

A. 腹疼、腹泻

B. 粪便中查到红细胞

C. 黏液血便中查到白细胞

D. 粪便中查到有吞噬红细胞的滋养体

E. 粪便中查到包囊

81. 急性阿米巴痢疾最常用的实验诊断方法是

A. 直接涂片法

B. 饱和盐水浮聚法

C. 透明胶纸法

D. 厚、薄血膜涂片法

E. 碘液染色法

82. 以下哪种疾病不是溶组织内阿米巴引起的

A. 阿米巴痢疾

B. 阿米巴肝脓肿

C. 原发性阿米巴脑膜脑炎

D. 阿米巴脑脓肿

E. 阿米巴肺脓肿

83. 检查蓝氏贾第鞭毛虫包囊常用的方法是

A. 碘液涂片法

B. 离心沉淀法

C. 饱和盐水浮聚法

D. 生理盐水涂片法

E. 厚血膜涂片法

84. 十二指肠引流可检查哪种寄生原虫

A. 溶组织内阿米巴

B. 杜氏利什曼原虫

C. 阴道毛滴虫

D. 人毛滴虫

E. 蓝氏贾第鞭毛虫

85. 下列哪种原虫可引起肠道损伤

A. 阴道毛滴虫

B. 杜氏利什曼原虫

C. 蓝氏贾第鞭毛虫

D. 福氏耐格里阿米巴

E. 口腔毛滴虫

86. 人感染蓝氏贾第鞭毛虫多数表现为

A. 腹疼、腹泻

B. 胃肠道功能紊乱

C. 贾第虫病

D. 无症状带囊者

E. 胆囊炎、胆管炎

87. 人的粪便处理不当，可能引起哪种寄生原虫病的流行

A. 口腔毛滴虫

B. 蓝氏贾第鞭毛虫

C. 阴道毛滴虫

D. 齿龈内阿米巴

E. 杜氏利什曼原虫

88. 生活史中只有滋养体时期的原虫是

A. 蓝氏贾第鞭毛虫

B. 溶组织内阿米巴

C. 杜氏利什曼原虫

D. 阴道毛滴虫

E. 结肠内阿米巴

89. 阴道毛滴虫的感染阶段是

A. 滋养体

B. 鞭毛体

C. 包囊

D. 成熟包囊

E. 未成熟包囊

90. 下列哪项不是阴道毛滴虫寄生的部位

A. 女性的阴道

B. 人体的消化道

C. 女性的尿道

D. 男性的尿道

E. 男性的前列腺

91. 阴道毛滴虫病原学检查常用的方法是

A. 生理盐水涂片法

B. 动物接种法

C. 骨髓穿刺检查

D. 碘液涂片法

E. 薄厚血膜涂片法

92. 哪种人疟原虫有新月型配子体

A. 人恶性疟原虫

B. 间日疟原虫

C. 三日疟原虫

D. 卵形疟原虫

E. 所有4种人疟原虫

93. 哪种人疟原虫寄生的红细胞中常见薛氏小点

A. 恶性疟原虫

B. 间日疟原虫

C. 三日疟原虫

D. 恶性疟原虫和卵形疟原虫

E. 间日疟原虫和三日疟原虫

94. 在1个红细胞内,哪种疟原虫最常见多个环状体

A. 人恶性疟原虫

B. 间日疟原虫

C. 三日疟原虫

D. 卵形疟原虫

E. 三日疟原虫和恶性疟原虫

95. 间日疟患者外周血涂片可查见

A. 环状体、滋养体、裂殖体、配子体

B. 滋养体、配子体、合子、裂殖子

C. 环状体、裂殖体、雌配子、雄配子

D. 裂殖体、配子体、动合子、子孢子

E. 环状体、滋养体、裂殖子、卵囊

96. 吉姆萨或瑞特染色时,疟原虫中红染部分称为

A. 细胞核

B. 细胞质

C. 疟色素

D. 血红蛋白

E. 红细胞

97. 疟疾病原学诊断常用的方法为

A. 浓集法

B. 体外培养法

C. 骨髓穿刺

D. 厚、薄血膜涂片

E. 动物接种法

98. 疟原虫的感染方式为

A. 子体经输血感染

B. 子孢子直接钻皮肤

C. 雌按蚊叮咬时，子孢子随唾液一起注入体内

D. 雌按蚊叮咬时，子孢子主动钻入皮肤

E. 雌按蚊叮咬人时，卵囊进入人体

99. 疟原虫引起贫血的主要原因是

A. 疟原虫直接破坏红细胞、脾功能亢进、免疫溶血和骨髓造血功能受抑制

B. 疟原虫寄生在肝细胞中，影响肝功能

C. 疟原虫侵犯幼稚的红细胞和免疫溶血

D. 疟原虫侵犯成熟的红细胞和脾功能亢进

E. 疟原虫寄生在肝细胞，造成肝细胞凋亡和疟原虫直接破坏红细胞

100. 被间日疟原虫(除外环状体)寄生的红细胞的变化为

A. 茂氏小点

B. 仅红细胞胀大

C. 仅有薛氏小点

D. 仅红细胞染色浅

E. 红细胞胀大、色淡，有薛氏小点

101. 疟原虫红细胞内期包括

A. 环状体、滋养体、裂殖体

B. 环状体、滋养体、裂殖体、配子体

C. 环状体、配子体

D. 滋养体、裂殖体、配子体

E. 滋养体、配子体

102. 刚地弓形虫寄生在人体的阶段有

A. 仅有滋养体

B. 裂殖体

C. 仅有包囊

D. 仅有假包囊

E. 滋养体、包囊、假包囊

103. 刚地弓形虫的实验诊断

A. 主要以查血液中包囊为主

B. 主要以动物接种试验为主

C. 主要以体外培养试验为主

D. 病原学检查成功率低，所以多采用免疫学方法

E. 以上都不是

104. 刚地弓形虫寄生在人体的

A. 红细胞

B. 核细胞

C. 淋巴液

D. 血清

E. 脑脊液

（四）简答题

1. 简述蛔虫病流行广泛的原因。

2. 简述钩虫病的病原学诊断方法及其优缺点。

3. 丝虫病的病原学诊断方法有哪些？检查时应注意什么？

4. 华支睾吸虫病的病原学诊断方法有哪些？哪种方法的检出率高？

5. 日本血吸虫病的病原学诊断方法有哪些？慢性及晚期血吸虫病患者宜采用何种病原学诊断方法？为什么？

6. 简述血吸虫病的防治原则。

7. 毛蚴孵化法为什么只能用于诊断血吸虫病，而不能诊断其他吸虫病？

8. 哪些吸虫不寄生在肠道，但可在粪便中检查到这些虫卵？为什么？

9. 链状带绦虫与肥胖带绦虫相比，哪个对人的危害大？为什么？

10. 比较链状带绦虫和肥胖带绦虫生活史的异同点。

11. 哪几种绦虫的虫卵相似？如患者粪便中发现了带绦虫卵，应考虑患有何种寄生虫病？

12. 简述溶组织内阿米巴造成的烧瓶样溃疡。

13. 如何用病原学方法诊断急性阿米巴痢疾患者？检查时应注意什么？

14. 评述用厚、薄血涂片诊断疟疾的优缺点。

15. 如何用病原学诊断疟疾患者？

16. 结合疟原虫生活史，解释间日疟原虫的潜伏期。

17. 免疫功能低下的患者主要容易感染哪些寄生虫病（免疫功能正常的人不易发病）？各如何做病原学诊断？

18. 医学节肢动物对人的直接危害包括哪些方面？

19. 医学节肢动物的生物性传播方式有几种？

20. 病媒节肢动物的判定依据是什么？

（李　睿　张佳伦）

参考答案

第二章

实验一

(一) 1. E；2. D；3. C；4. D；5. A；6. E
(二) 和（三） 略

实验二

(一) 1. C；2. B；3. D；4. C；5. A；6. D；7. C；8. E；9. D；10. B
(二) 和（三） 略

实验三

(一) 1. D；2. E；3. A
(二) 和（三） 略

实验四和实验五

(一) 1. A；2. E；3. D；4. D；5. C；6. E
(二) 和（三） 略

实验六

1. A； 2. A； 3. B； 4. A； 5. A； 6. B； 7. B； 8. E； 9. E； 10. D； 11. D；
12. B； 13. E； 14. E； 15. A； 16. D； 17. A； 18. C； 19. B； 20. A；
21. C； 22. C； 23. A； 24. E； 25. B； 26. E； 27. A； 28. E； 29. D；
30. E； 31. C； 32. A； 33. C； 34. E； 35. B； 36. E； 37. A； 38. B；
39. B； 40. C

实验七

（一）1. E；2. C；3. A；4. C；5. C；6. A；7. C；8. A
（二）1.（1）A；（2）C
    2.（1）B；（2）A
（三）1. A；2. B；3. B
（四）1. ABCDE；2. ABCDE

实验八

（一）1. C；2. A；3. D；4. C；5. A；6. B；7. D；8. D
（二）1.（1）E；（2）E；（3）E；（4）B
    2.（1）A；（2）D；（3）B；（4）E
（三）1.（1）A；（2）B；（3）C；（4）D
    2.（1）D；（2）A；（3）B；（4）E
（四）1. ABE；2. CDE；3. ACDE；4. ACE；5. BCE；6. ABCDE；7. ABE；8. ABCDE；
    9. CE

实验九

（一）1. D；2. E；3. D；4. E；5. A；6. E；7. E；8. C；9. E
（二）1. C；2. A；3. D
（三）1. C；2. D；3. E
（四）1. ABDE；2. CE；3. ABCE；4. ACE；5. ABCDE；6. BCD

实验十

（一）1. B；2. C；3. D；4. E；5. A；6. C；7. D；8. D；9. E；10. C；11. E；
    12. A；13. E；14. C；15. A；16. B；17. D；18. D；19. C
（二）1.（1）B；（2）A；（3）D
    2.（1）B；（2）A；（3）D
（三）1.（1）B；（2）B
    2.（1）E；（2）C
    3.（1）B；（2）B
（四）1. ABCD；2. ABCE；3. BCE；4. BCDE；5. ABDE；6. ACDE

复习题

(一)名词解释

1. **宿主** 被寄生虫所寄生的人或动物。

2. **机会致病原虫** 在免疫功能正常的宿主体内成隐性感染,当宿主免疫功能低下或受到抑制时,例如艾滋病患者、长期接受免疫抑制剂治疗或晚期肿瘤患者,其繁殖力、致病力增强的原虫。例如刚地弓形虫、隐孢子虫、蓝氏贾第鞭毛虫。

3. **生活史** 寄生虫完成一代的生长发育、繁殖及宿主转换的整个过程。

4. **消除性免疫** 是指宿主适应性免疫应答能清除体内的寄生虫,并对同种寄生虫的再感染具有完全的抵抗力。

5. **非消除性免疫** 寄生虫感染后虽可诱导宿主对再感染产生一定的免疫力,但机体内有低水平的寄生虫不能完全清除,维持在低虫量水平,如果用药物驱虫后宿主的免疫力随之消失。

6. **自体体内重复感染** 自体体内感染是猪囊尾蚴病的感染方式之一。绦虫病患者反胃、呕吐时,肠道的逆蠕动将孕节反入胃中引起感染。

7. **寄生虫** 一类失去外界自由生活能力、暂时或永久地寄生在另一生物的体表或体内、获取营养、给被寄生物带来损伤的低等动物。

8. **疟原虫红细胞外期** 疟原虫在肝细胞内的发育叫红细胞外期。人4种疟原虫在肝细胞内均进行裂体增殖,其发育时间因种而异。

9. **疟原虫红细胞内期** 疟原虫在红细胞内进行裂体增殖的发育过程叫红细胞内期。红细胞内裂体增殖周期为环状体-滋养体-裂殖体-裂殖子-环状体,其裂体增殖周期因种类而异,间日疟原虫和卵形疟原虫为48h,三日疟原虫和恶性疟原虫分别为72h和36~48h。

10. **旅游者腹泻** 蓝氏贾第鞭毛虫滋养体主要寄生于人体的小肠上部,引起腹疼、腹泻和吸收不良的症状,此病在旅游者中多见。

(二)填空题

1. 寄生虫
2. 永久性寄生虫
3. 终宿主
4. 掠夺营养、机械性损伤、毒性与免疫损伤
5. 压迫组织、堵塞腔道、破坏细胞
6. 经口、直接经皮肤、经媒介昆虫叮咬、经接触、经胎盘
7. 直接型;间接型
8. 蛔虫、钩虫、蛲虫、鞭虫
9. 小肠
10. 蛋白质膜;卵细胞
11. 头翼;咽管球
12. 2h;肛门擦拭法

13. 丝状蚴；皮肤
14. 钩幼性皮炎；钩幼性肺炎
15. 慢性失血；消化道症状
16. 小肠
17. 幼虫囊包
18. 微丝蚴；夜间周期性
19. 象皮肿、鞘膜积液；乳糜尿
20. 囊蚴
21. 囊蚴；经口
22. 蠕虫卵
23. 虫卵；成虫
24. 肝门静脉-肠系膜静脉
25. 成虫、童虫、尾蚴、虫卵；虫卵
26. 虫卵肉芽肿
27. 环卵沉淀试验；皮内试验
28. 吸盘；小钩
29. 皮下包块活组织检查。
30. 周期性寒战、高热；出汗退热

（三）选择题

题号	答案	题号	答案	题号	答案	题号	答案
1～5	CEABE	6～10	CAAEA	11～15	CAEED	16～20	CAEAA
21～25	ECDBC	26～30	BEEBA	31～35	DAEDA	36～40	DADAA
41～45	CECAE	46～50	EBCBE	51～55	AECDD	56～60	CEDBB
61～65	DDCBD	66～70	CABEE	71～75	DBAAB	76～80	BBAAE
81～85	ACAEC	86～90	ABDAB	91～95	AABDA	96～100	ADCAE
101～104	DEDB						

（四）简答题

1. 简述蛔虫病流行广泛的原因。

答：成虫产卵量大，每天每条雌虫可产卵 24 万个，对外界环境污染严重；似蚓蛔线虫生活史简单，虫卵在外界环境中不需要中间宿主，直接发育为感染期虫卵；由于受精蛔虫卵卵壳的保护作用，虫卵对外界环境的抵抗力强。另外，由于粪便管理不当、用人粪施肥及人们的生产和生活方式、不良的饮食和卫生习惯等，导致蛔虫病的广泛流行。

2. 简述钩虫病的病原学诊断方法及其优缺点。

答：①直接涂片法，方法简便，但感染较轻者容易漏诊；②饱和盐水漂浮法，较直接涂片法复杂，但检出率远较前者高；③钩蚴培养法，需时长，但检出率高，可鉴别两种钩虫的虫种。

3. 丝虫病的病原学诊断方法有哪些？检查时应注意什么？

答：①新鲜血滴检查法，此法可用作筛选患者，但不能鉴别虫种；②厚血膜涂片，检出率高，且可鉴别虫种；③乙胺嗪白天诱出法，多用于夜间取血不方便者，但易漏诊；④微丝蚴浓集法，阳性率较高。

4.华支睾吸虫病的病原学诊断方法有哪些？哪种方法的检出率高？

答：①粪便直接涂片法；②加藤法；③粪便水洗沉淀法，检出率较高；④十二直肠引流法。

因华支睾吸虫成虫寄生于肝胆管中，虫卵随胆汁流入十二指肠，所以用十二指肠引流法检出率高。此法常用于粪检阴性的患者。

5.日本血吸虫病的病原学诊断方法有哪些？慢性及晚期血吸虫病患者宜采用何种病原学诊断方法？为什么？

答：①粪便直接涂片查虫卵；②粪便水洗沉淀法查虫卵；③毛蚴孵化法；④肠黏膜活组织检查。

慢性及晚期患者宜采用肠黏膜活组织检查。原因是：由于慢性及晚期血吸虫病患者发病时间长，结肠肠壁的虫卵肉芽肿纤维化，肠黏膜溃疡部位纤维组织增生形成瘢痕，使沉积在肠壁中的虫卵脱落进入肠腔的机会少，因此粪便检查难以查出虫卵。而用乙状结肠镜或直肠镜取病变组织查虫卵，其检出率高。

6.简述血吸虫病的防治原则。

答：①治疗患者、病牛，主要用吡喹酮治疗；②管理好水源和粪便，防止粪便污染水源，对粪便进行无害化处理；③消灭钉螺；④加强个人防护，避免血吸虫感染。

7.毛蚴孵化法为什么只能用于诊断血吸虫病，而不能诊断其他吸虫病？

答：血吸虫患者粪便中的虫卵为成熟毛蚴。虫卵在外界清水中，20~30℃的条件下经4~6h可孵出毛蚴。毛蚴呈直线匀速运动，用肉眼或放大镜可观察。因此，用毛蚴孵化法可以诊断血吸虫病。其他几种吸虫不能用此法诊断。这是由于肝吸虫患者粪便中的虫卵虽含有毛蚴，但需被赤豆螺等淡水螺吞食后才能孵出。卫氏并殖吸虫卵和布氏姜片吸虫卵的内容物均为卵细胞和卵黄细胞，需经数周才能发育为毛蚴，且在实验室难以完成。

8.哪些吸虫不寄生在肠道，但可在粪便中检查到这些虫卵？为什么？

答：华支睾吸虫、卫氏并殖吸虫、日本血吸虫均不寄生于肠道，但粪便中能查到虫卵。华支睾吸虫成虫寄生于肝胆管中，虫卵随胆汁进入肠腔，经粪便排出。卫氏并殖吸虫成虫寄生于肺，虫卵随痰咽下进入消化道排出。日本血吸虫成虫寄生于肠系膜静脉，虫卵沉积在结肠壁使肠黏膜组织坏死脱落进入肠腔，随粪便排出。

9.链状带绦虫与肥胖带绦虫相比，哪个对人的危害大？为什么？

答：链状带绦虫对人的危害大。这是由于链状带绦虫不仅成虫寄生于人体肠道，而且其囊尾蚴能够在人体的不同部位寄生，特别是寄生在一些重要的组织、器官，如脑、眼的囊尾蚴可引起严重的损害。肥胖带绦虫成虫寄生于人的小肠，囊尾蚴不寄生于人体，因此，肥胖带绦虫对人的危害小。此外，链状带绦虫和肥胖带绦虫寄生于人小肠可引起肠黏膜的损伤，由于链状带绦虫的头节上有顶突和小钩，对肠黏膜的损伤较大，故链状带绦虫引起的消化道症状较为明显。

10.比较链状带绦虫和肥胖带绦虫生活史的异同点。

答：①成虫均寄生于人的小肠，人是这2种绦虫的唯一终宿主；②链状带绦虫的中间宿主为人和猪，肥胖带绦虫的中间宿主仅为牛；③链状带绦虫的感染阶段有2个，即虫卵和囊尾蚴，人食入导致囊虫病和猪带绦虫病。肥胖带绦虫的感染阶段为囊尾蚴，人食入牛囊尾蚴可患牛带绦虫病。

11. 哪几种绦虫的虫卵相似？如患者粪便中发现了带绦虫卵，应考虑患有何种寄生虫病？

答：链状带绦虫、肥胖带绦虫和细粒棘球绦虫的虫卵相似，都呈圆球形，胚膜上有放射状条纹，内含六钩蚴。这些虫卵在显微镜下不易鉴别。猪带绦虫病和牛带绦虫病患者的肠道中寄生成虫的孕节内虫卵可随粪便排出。因此，如果在患者的粪便中发现有带绦虫卵，可考虑患者患有猪带绦虫或牛带绦虫病，但还需检查孕节的子宫侧支数或头节才能确诊是哪种绦虫的感染。细粒棘球绦虫的成虫寄生在犬、狼体内而不寄生于人体，因此，人的粪便中不会出现细粒棘球绦虫卵。

12. 简述溶组织内阿米巴造成的烧瓶样溃疡。

答：溶组织内阿米巴致病过程是一个复杂的现象。有毒株滋养体黏附于肠黏膜，在接触部位释放细胞致病因子和蛋白水解酶。细胞致病因子破坏接触的肠黏膜细胞（靶细胞），滋养体部分或全部吞噬这些靶细胞和红细胞，蛋白水解酶可溶解组织细胞，并可穿破黏膜肌层，在疏松的黏膜下层繁殖扩展，溶解破坏组织，形成烧瓶样溃疡。

13. 如何用病原学方法诊断急性阿米巴痢疾患者？检查时应注意什么？

答：①挑取少量患者的黏液血便，用生理盐水涂片法检查活动的滋养体，如发现红细胞的滋养体即可确诊为阿米巴痢疾。②应注意送检粪便必须新鲜、及时，并注意保暖；取材容器必须洁净。

14. 评述用厚、薄血涂片诊断疟疾的优缺点。

答：薄涂片中疟原虫形态典型，易辨认，但诊断时发现疟原虫较难，费时间。厚涂片上发现疟原虫容易，省时间，但疟原虫形态不典型，不易辨认。

15. 如何用病原学诊断疟疾患者？

答：取末梢血，制备厚、薄血涂片，瑞特染色，油镜观察。血涂片中间日疟原虫、三日疟原虫、卵形疟原虫均可见环状体、滋养体、裂殖体和配子体。恶性疟原虫可见环状体和配子体。

16. 结合疟原虫生活史，解释间日疟原虫的潜伏期。

答：由疟原虫子孢子侵入人体到疟疾发作之间所需时间称潜伏期。潜伏期长短受疟原虫种株不同、宿主免疫力和耐受力差别的影响。一般间日疟的短潜伏期株为11～25天，长潜伏期株为6～12个月甚至更长。

17. 免疫功能低下的患者主要容易感染哪些寄生虫病（免疫功能正常的人不易发病）？各如何做病原学诊断？

答：主要容易感染：①弓形虫病；②隐孢子虫病；③卡氏肺孢子虫病。

病原学诊断如下：

(1) 弓形虫：①涂片染色，取急性期患者的体液、脑脊液、羊水和胸腔积液经离心后，取沉淀物涂片；或取血液和骨髓涂片染色；或采用活组织穿刺物经吉姆萨染色后，镜检弓形虫滋养体。②动物接种，从患者获取的材料，腹腔接种小白鼠，盲传2～3代后，从腹腔渗出液中检查滋养体。

(2) 隐孢子虫：从粪便中检查卵囊，检查方法多用粪便直接涂片染色法，常用抗酸染色法和金胺-酚染色法。

(3) 卡氏肺孢子虫：①痰液和支气管分泌物涂片、染色镜检，但阳性率低，应用支气管冲洗术可提高检出率；②经皮穿刺肺活检、支气管肺活检或开胸肺活检，这些方法虽可靠，但对患者损伤太大。

18.医学节肢动物对人的直接危害包括哪些方面？

答：①吸血和骚扰；②毒害作用；③致敏作用；④寄生。

19.医学节肢动物的生物性传播方式有几种？

答：发育式；繁殖式；发育繁殖式；经卵传递式。

20.病媒节肢动物的判定依据是什么？

答：①生物学证据，节肢动物是当地的优势种或有相当高的种群密度，与人关系密切；②流行病学证据，节肢动物的地理分布与其传播的虫媒病的分布相一致，季节消长与疾病的流行季节相一致；③自然感染的证据，在疾病的流行区和流行季节，可以从节肢动物内分离出所传播疾病的病原体，或查到病原体的感染期。

彩 图

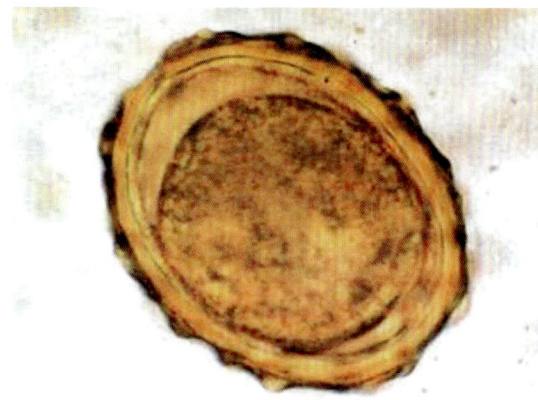

受精蛔虫卵

彩图 1　蛔虫受精卵

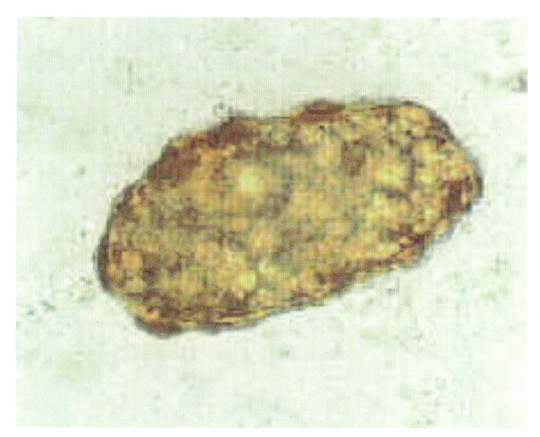

彩图 2　蛔虫未受精卵

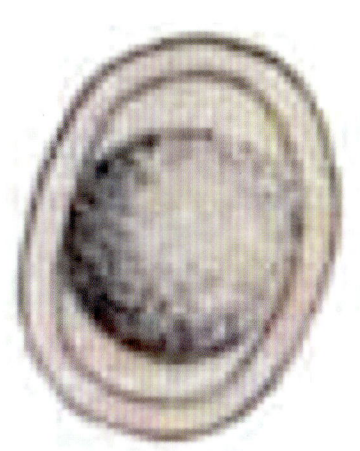

脱蛋白质膜受精卵　　　　　脱蛋白质膜未受精卵

彩图 3　蛔虫脱蛋白质膜虫卵

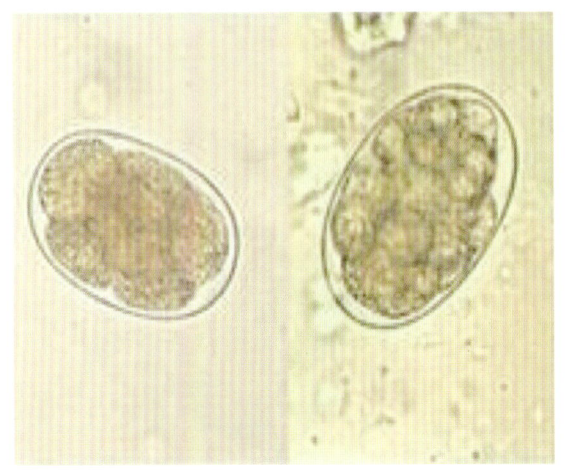 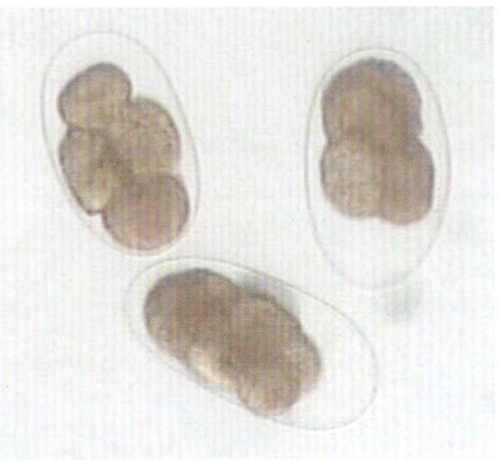

彩图 4　钩虫卵

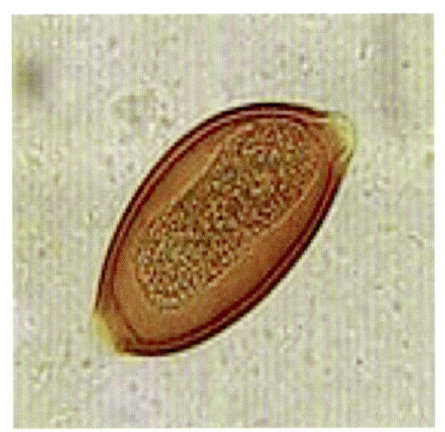

彩图 5　鞭虫卵

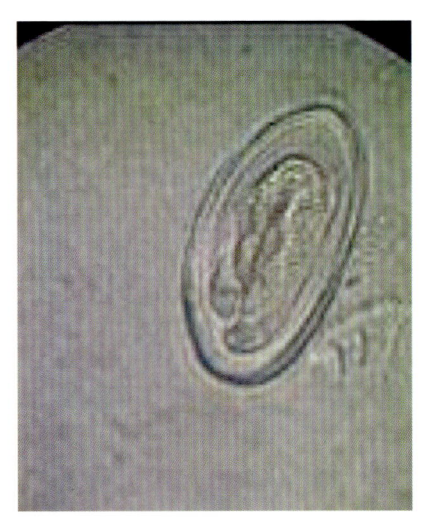

彩图 6　蛲虫卵

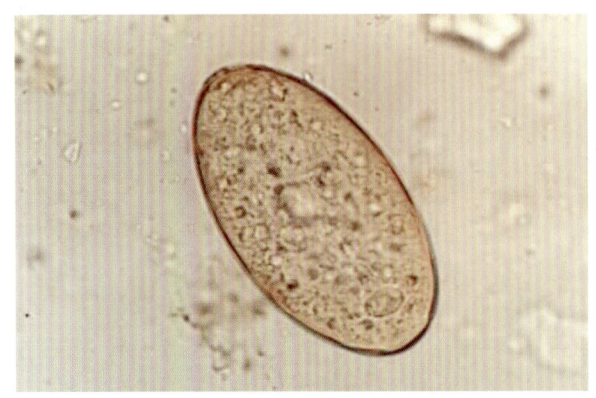 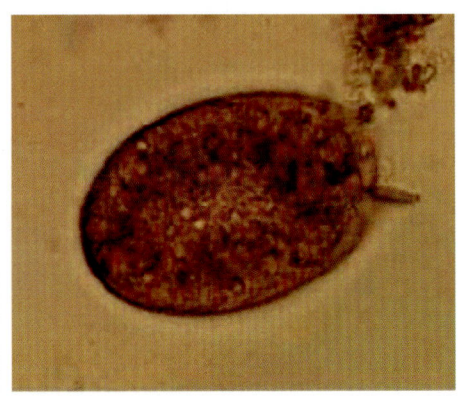

彩图 7　姜片虫卵

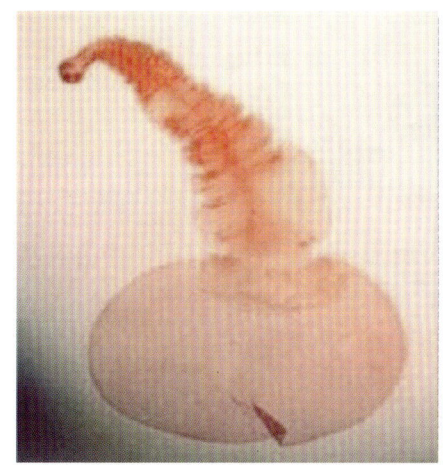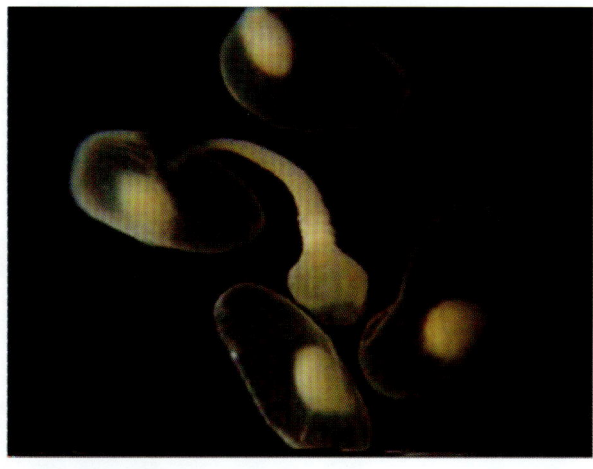

彩图 8　猪带绦虫囊尾蚴

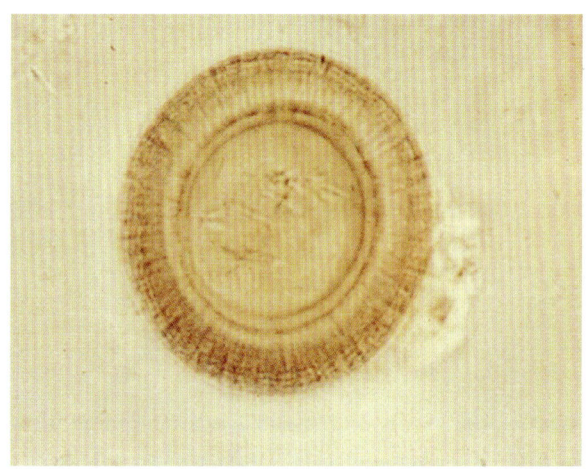

彩图 9　猪带绦虫卵

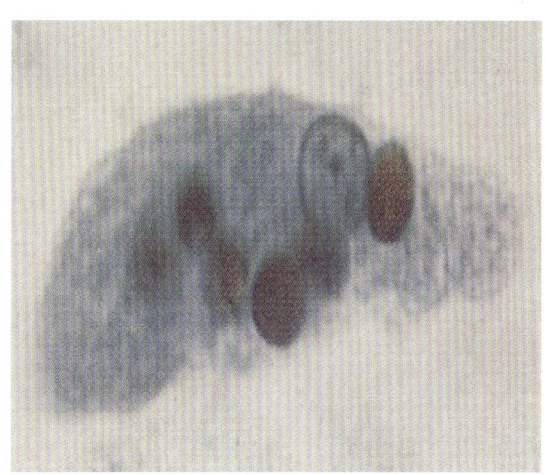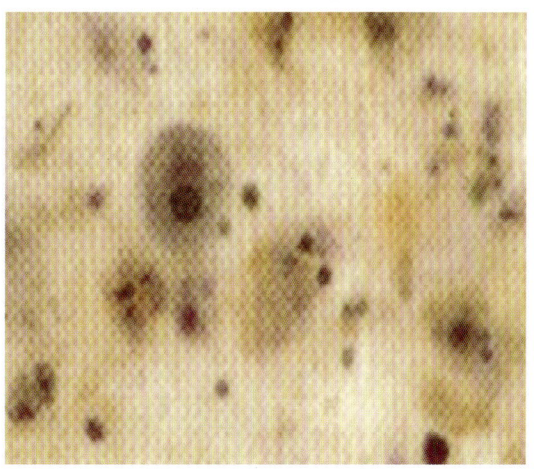

彩图 10　溶组织内阿米巴滋养体的铁苏木素染色玻片标本
左：大滋养体，右：小滋养体

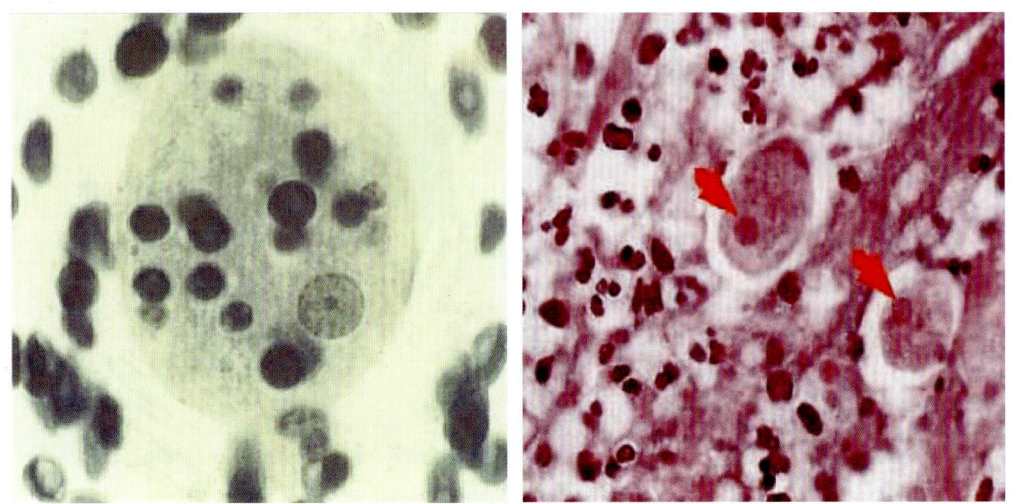

彩图 11　溶组织内阿米巴活滋养体

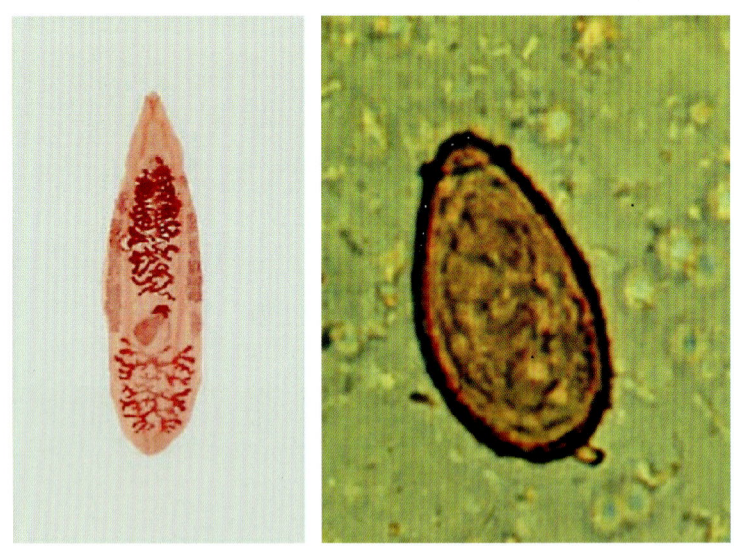

彩图 12　肝吸虫成虫与虫卵

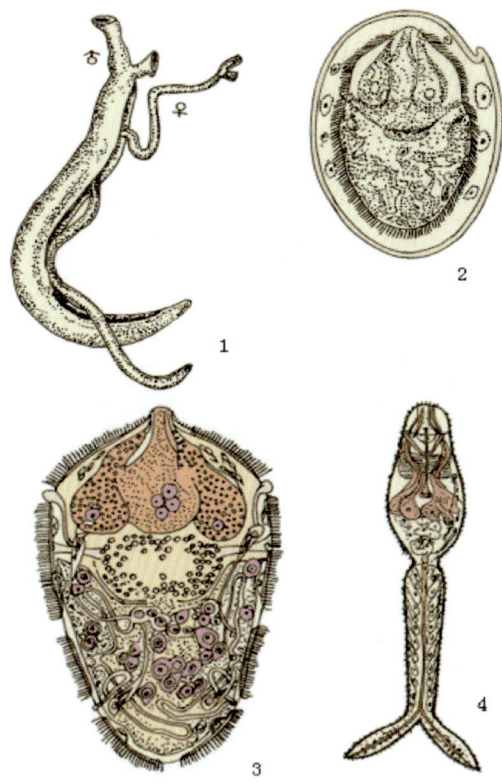

彩图 13　日本血吸虫的各期形态
1. 雌雄合抱；2. 虫卵；3. 毛蚴；4. 尾蚴

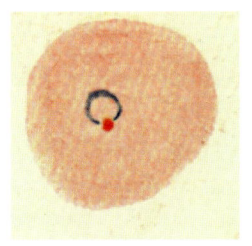 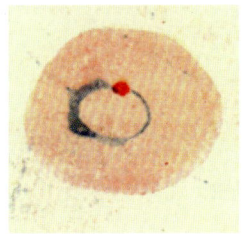 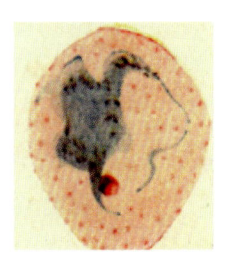 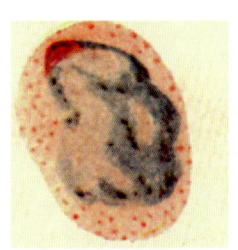

　　　小滋养体　　　　　　　　　　　　大滋养体

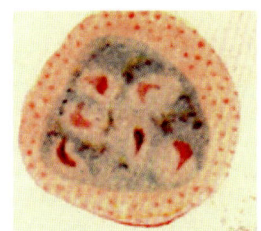 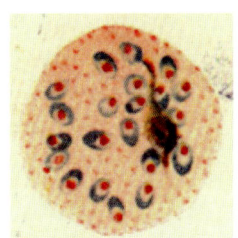 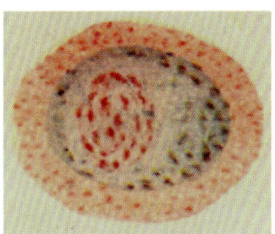 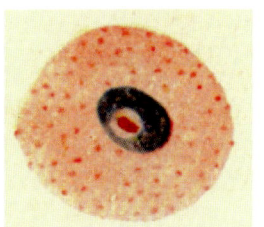

　未成熟裂殖体　　成熟裂殖体　　　雄配子体　　　雌配子体

彩图 14　间日疟原虫薄血膜玻片各期形态

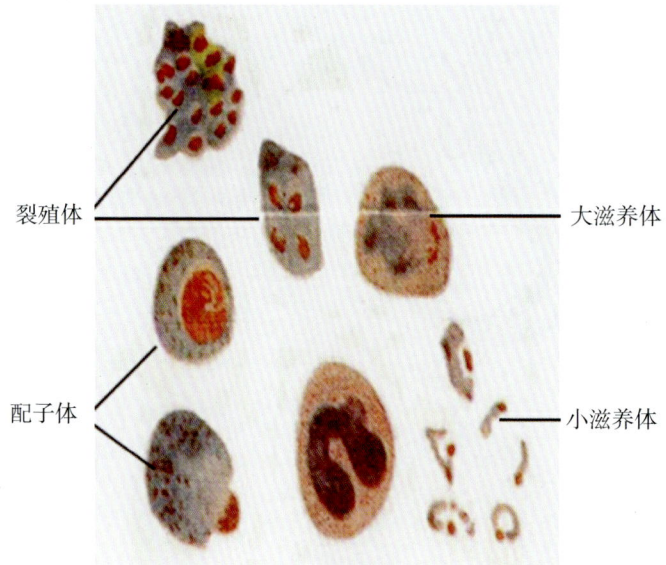

彩图 15　间日疟原虫厚血膜玻片各期形态

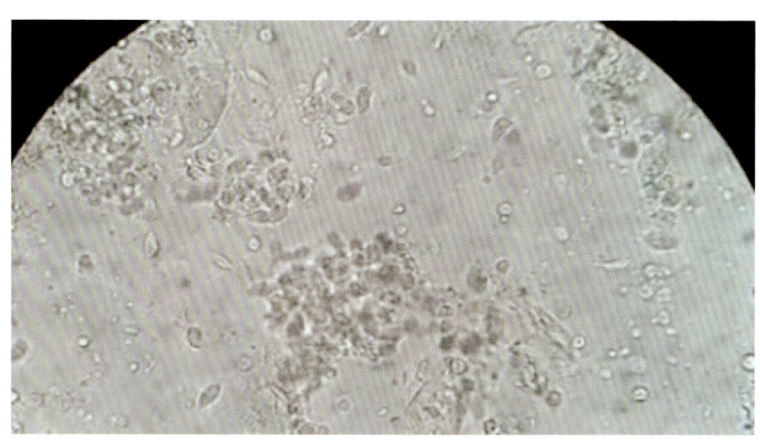

彩图 16　阴道毛滴虫（活体）

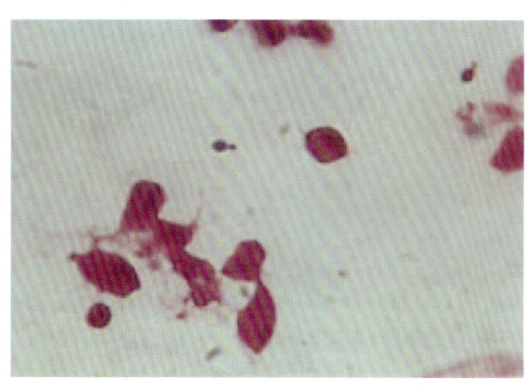

彩图 17　阴道毛滴虫（吉姆萨染色）

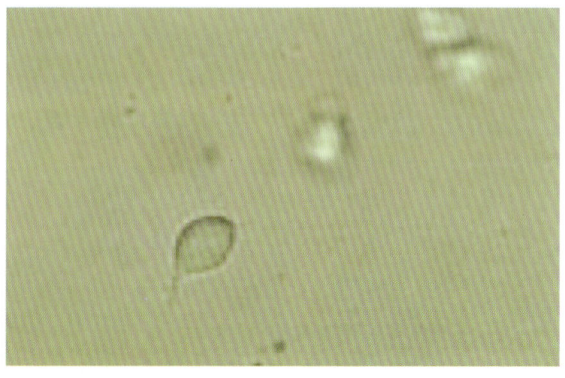

彩图 18　阴道毛滴虫（直接涂片）